実践！・登山入門

萩原編集長の山塾

Yama-Juku

萩原浩司

Hagiwara Hiroshi

はじめに

登山番組、ＮＨＫ ＢＳ１の『実践！ にっぽん百名山』への出演を打診されたのは２０１３年のことでした。『にっぽん百名山』のＶＴＲを基に全国の登山コースの見どころを案内し、実際に登山をする際に役立つテクニックを紹介するという30分番組です。

より多くの人に山の魅力を伝え、安全に登るための技術を身につけていただきたいという願いは、私が常に考えてきたテーマでした。テレビという媒体を通してそれができるのであれば、ぜひともお役に立ちたい。そう思ったのですが、この年は母校のヒマラヤ遠征隊に隊長として参加することが決まっていたのです。ひと月半ほど日本を離れなければならないが、大丈夫かどうかを確認していただいたところ、前倒しで収録すれば問題ないとの返事を受け、解説者として参加させていただくことになりました。

番組は、女優の釈由美子さんがＭＣを務め、毎回、ゲストをスタジオに招いて、さまざまな山の疑問に私がお答えするという流れで進行しました。「編集長」という愛称も、「ヤマ塾」というタイトルも、すべて番組のディレクター氏による命名です。２０１６年からＭＣが工藤夕貴さんに代わり、クライミングの要素を取り入れた実践コーナーも展開しました。

あれから5年。約１５０回にわたる放送のなかの、「編集長のヤマ塾」で紹介した登山技術を基に、自分がこれまでに登ってきた山の経験を交えて構成・編集・執筆したのが本書です。なかには「登山の『教科書』だったらこれは書かないな」といった、個人的なテクニックもあります。堅苦しい学校の教科書ではなく、私的な塾の参考書といったイメージで読んでいただけたら幸いです。

さあ、書籍版「山塾」の開講です。

Contents

第1章 山行計画 9

山行計画の考え方　さて、どんな山に登ろうか　10
日本の山を知る1　多様性に満ちた日本の山の実力を知っていますか？　12
日本の山を知る2　「アルプス」の名に恥じない日本アルプス　14
日本の山を知る3　火の山もあれば、水の山もある　16
山に登る前に　登山は山に入る前から始まっている　18
いつ登るか　5月の北アルプスは完全な雪山。10月には新雪が降る　20
山行計画の立て方　登山経験の浅い人に合わせたプランニングを　22
どの山に登るか　やっぱり気になる？ 日本百名山　24
Column　アルペンガイドと私　26

第2章 登山用具 27

登山用具の選び方　まずは、登山靴・バックパック・雨具をそろえよう　28
登山靴の選び方　最初の一足はハイカットの軽登山靴　30
インソール（フットベッド）　インソールにも気を使おう　32
登山靴の履き方　靴紐は、一度つま先まで緩めてから締め直す　34
登山靴のメンテナンス　次の山行でも気持ちよく使うために　36
バックパックの選び方　バックパックの種類と選び方　38
バックパックの背負い方　バックパックのベルトは下から順に。最後はチェストで整える　40
パッキング技術　ポイントは「薄く」。ベテランに見えるパッキング術　42
軽量化のコツ　荷物を軽くするためのチェックポイント5　44
レインウェアの選び方　防水透湿素材の上下セパレートタイプを選ぼう　46
レインウェアのスマート着用法　レインウェアを素早く、きれいに着る方法　48
登山ウェアの選び方　山のウェアはレイヤードが基本　50
パンツスタイルの変遷　ニッカーからショートパンツまで　52
下着・靴下・帽子・手袋・サングラス　肌に直接着る装備の選択は慎重に　54

ストック（トレッキングポール）　ストックを使いこなそう　56
ファーストエイドキット　応急手当に必要な用具たち　58
行動中の水分補給　必要な水分の量を知って用意しよう　60
小物をチェック　忘れては困るもの、あると便利な小物　62
山の昼ごはん　あったかランチをいただこう　64
行動食　軽くて食べやすく、すぐエネルギーに変わるもの　66
リペアキット　これだけは持っていきたい三種の修理具　68
Column　富士登山競走で究極の軽量装備を試してみた　70

第3章 歩行技術

71
歩き方の基本　山道は歩幅を小さく、靴底をフラットに　72
山道の登り方　歩幅を小さく保つためにステップはできるだけ小さく刻む　74
山道の下り方　目線に着目！ 登りよりも下りが危険な理由を知っておこう　76
ストックの使い方　ストックの長さと握る位置は、斜面と目的に応じて変える　78
ストックを使った歩き方　登りは推進力、下りはバランス保持を特に意識しよう　80
ガレ場の通過方法　足は斜面にやさしく押し付け、そっと上へ抜くように上げる　82
登山道の隠れた危険箇所　ときには岩より怖い濡れた木の根、凍った木道　84
岩場の通過方法　基本中の基本、三点支持（確保）を覚えよう　86
鎖場の通過方法　しがみつくな。荷重は常に鉛直方向へ　88
ハシゴ場の通過方法　足場をしっかり確認し、体を起こして登ろう　90
雪渓の歩き方　雪上歩行の基本はキックステップ　92
地図を読み解く　等高線の意味を理解して山を立体的にとらえよう　94
道迷いを防ぐには　迷いやすいポイントに注意しよう　96
休憩テクニック　渇く前に飲む。バテる前に食べる　98
Column　シー・トゥ・サミット、サミット・トゥ・シー　100

第4章 生活技術

101

山小屋泊のススメ　山に泊まるからこそ楽しめる世界がある　102
山小屋に泊まる　山小屋に泊まってみよう　104
山小屋生活の注意点　山小屋生活をより快適に　106
無人小屋・自炊小屋に泊まる　炊事具、寝具、食料をそろえて小屋に泊まろう　108
テント泊に挑戦　テント泊のメリット、デメリット　110
テント設営法　テントの張り方　112
テント生活の基本　テントの中を効率よく使うために　114
シュラフとマットの選び方　山行目的に応じてシュラフとマットを選ぼう　116
テントの撤収　ひとりで汚さずにテントを撤収する方法　118
Column　焚き火生活、雪洞生活　120

第5章 危機管理

121

山の危機管理　この夕焼けが明日も見られるとはかぎらない　122
悪天候への備え　「風」の怖さを再認識しよう　124
悪天候への対処法　豪雨・増水、引き返す判断が試されるとき　126
高山病対策　高山病に対する備えと対処法　128
紫外線対策　紫外線の怖さを知って日焼け予防を確実に　129
落雷事故に遭わないために　稜線で雷に遭ったら、できるだけ低い場所へ　130
救助要請　自力下山がどうしても無理なときには救助要請　132
ビバーク術　ツェルトの設営方法を知っておこう　134
危険動物への対処法　できればお会いしたくない動物たち　136
Column　戦慄！北岳バットレスの岩雪崩　138

第6章 山の楽しみ 139

山の思い出を残そう 興味の幅を広げれば山はもっと楽しくなる 140
山での写真の撮り方 何を見せたいのか、大切なのは主題を整理すること 142
高山植物との出合い 花の撮影は接写に強いコンデジで 144
動物との出合い 身近に見られる山の生き物 146
星空・火山・歴史・森 山が差し出す、すべてのものに感謝 148
山と読書 山の書に親しみ、知識の幅を広げよう 150
山での気づき 山での「?」を忘れないようにしよう 152
山と温泉 山の楽しみといえば、最後はやっぱりコレでしょう 153
Column 写真で伝える山の魅力 154

第7章 ガイド 155

那須・茶臼岳 156
尾瀬・至仏山 157
筑波山 158
霧ヶ峰 159
伊吹山 160
大山 161
釈 由美子さんと登る「実践！奥穂高岳登頂」 162
工藤夕貴さんと登る「実践！ 北岳～間ノ岳縦走」 164
幌尻岳 166
大朝日岳 167
越後駒ヶ岳 168
高妻山 169
空木岳（摺鉢窪） 170
大台ヶ原山（大杉谷） 171
九重山 172
宮之浦岳 173
釈 由美子さんと登る「実践！ 鷲羽岳登頂」 174
工藤夕貴さんと登る「実践！ 雪山登山」 176
鳥海山 178
武尊山 179
笛吹川東沢釜ノ沢 180
黒部川赤木沢 181
日本三大岩稜 槍ヶ岳北鎌尾根、前穂高岳北尾根、剱岳八ツ峰主稜 182
アルプスからニュージーランドまで、世界の山旅を楽しもう 184
未踏峰への挑戦「実践！ヒマラヤ登山」アウトライアー東峰初登頂 186
あとがき 188

装丁／尾崎行欧デザイン事務所
カバー写真／渡辺幸雄

Chapter 1

第1章 山行計画

どの山に、誰といつ、
どんなふうに登るのか……。
山行計画を考えるところから
登山はすでに始まっている。
安全に楽しく、自分に合った魅力的な
プランを立てるための
ポイントを紹介しよう。

さて、どんな山に登ろうか

日本には山がいくつあるかご存じだろうか。それは山の定義や数え方によって変わってくるものだが、2万5000分ノ1地形図に名前が載っている山の数だけで約1万8000といわれている。

もし、そのすべてに登ろうとしたら、一年に100座としても180年かかり、四季それぞれの魅力を味わおうとするならば、さらにその4倍の日数が必要とされる。そんなことをめざす人など実際にはいないと思うが、つまり、山の選択肢は途方もなく広いということなのだ。

そんななか、自分がめざそうとする山を探し出すということは、それ自体がひとつの楽しみになるといえるだろう。

他のスポーツであれば、地方大会があって全国大会があ

り、さらには世界への挑戦と、競技としての戦いの道筋は用意されている。そこまで本格的でないにしても、一般には競技のための管理されたフィールドの中で相手との勝ち負けを争っている。

　しかし、登山の場合は試合があるわけではなく、会場を決めるのも自分たちだ。そして、会場そのものが目標になる。目標の定め方は人それぞれで、経験を積みながら「自分の山」を探し続けるところに、ほかでは味わうことのできない面白さがあるのだ。

　したがって、登山では山に登るのと同じくらい、計画を立てることが重要になってくる。漠然とした憧れでもいい。写真で見知った山岳風景でもいい。とにかく自分が行ってみたいと思う山を探すことから始めよう。

常念岳をめざし、大天井岳の尾根道を行く

多様性に満ちた日本の山の実力を知っていますか？

↑洋上に浮かぶ利尻山

最果ての「日本百名山」
利尻山

日本百名山のなかで、最北に位置する利尻山。利尻富士とも呼ばれる端正な山容を、深田久弥は「利尻島はそのまま利尻岳であった。」と書き記した。花と展望の名峰である。

原始の香りを今に残す
日高山脈

日本の山のなかで、最も原始性が保たれた山域は日高山脈といえるだろう。主脈縦走路でさえ人の手がほとんど入っておらず、自然の密度はどこよりも濃い。

←のびやかな尾根が続く朝日連峰の主稜線

豪雪が生んだ、たおやかな尾根

朝日連峰

世界でも有数の豪雪地帯に位置する山々は、雪と季節風の影響で森林限界が低くなり、高山的な景観を生み出している。広く明るい尾根は、夏は高山植物に、秋には鮮やかな紅葉に彩られる。

日本の象徴

富士山

その標高は2位以下を大きく引き離して単独トップの3776m。姿の美しさといい、古くより歌人・文人に親しまれてきた歴史といい、やはり富士は別格の山といえるだろう。

←山頂からは雲を突き抜ける高さを実感できる

「アルプス」の名に恥じない日本アルプス

↑全方向、岩に守られた剱岳

氷河を有する「岩と雪の殿堂」

北アルプス・剱岳

日本を代表する岩の山、剱岳。その山懐には幾筋もの深い谷が刻まれ、谷底の万年雪には氷河と認定されたものもある。写真は夏の長次郎谷雪渓。

重畳とした山なみ

南アルプス

森深く緑豊かな山々が連なる南アルプス。その稜線には9座もの3000m峰が含まれ、一山一山のボリュームが大きく、登り応えも十分だ。

←人気の北岳は「花の山」としても知られる

←紅葉の最盛期は9月下旬から10月上旬と短い（写真＝渡辺幸雄、2点とも）

日本一の紅葉

北アルプス穂高連峰・涸沢

ナナカマドの赤、ダケカンバの黄色、ハイマツの緑、ここに新雪の白が加わることもある。穂高の岩屏風に囲まれた涸沢の紅葉は、まさに日本一、いや、世界一といえるだろう。

↓正月にはここからダイヤモンド富士を見ることができる

アクセス至便

中央アルプス・千畳敷

通年営業のロープウェイが標高2600mの千畳敷まで通じており、誰でも手軽にアルプス気分が味わえる。アクセスのよさもヨーロッパ級だ。

火の山もあれば、水の山もある

頂上に広がる大湿原

苗場山

広大な頂上台地は、秋になると草紅葉に彩られる。キツネの毛皮のような色合いの草原に、ちりばめられた池塘が青空を映し出す秋はまた格別に美しい。

↑火口の縁にあたる前掛山の稜線（2014年撮影）

世界有数の活火山

浅間山

日本には、火山活動のために登頂が規制されている山が少なくない。浅間山もそのひとつで、2018年4月現在、頂上の釜山はもちろんのこと、前掛山への立ち入りも禁止されている。

←写真（下も）は2011年に噴火する以前の新燃岳と火口湖

火山列島の証

霧島連峰

大小20あまりの火山から成り、いくつもの噴火口跡が並ぶ霧島火山群。地球の歴史に思いを馳せる印象的な光景だ。2018年4月現在、写真中央の新燃岳は噴火を繰り返し、その山容が大きく変化している。

←北の利尻山が端正な単独峰で「利尻富士」と称されるのに対し、南の宮之浦岳は周囲に同程度の高さの山を連ねた「洋上のアルプス」とも称される

豊かな水がはぐくむ深い森

屋久島・宮之浦岳

九州地方の最高峰、宮之浦岳は「最南端の日本百名山」として親しまれている。日本一の降水量にはぐくまれた巨木の森と、森を抜けた先のヤクザサの草原との対比が面白い。

登山は山に入る前から始まっている

情報収集の基本、登山ガイドブック

登山コースの情報を得るにはガイドブックを読むのが一番。エリアごとに詳細なコース紹介がなされていたり、テーマごとに山が解説されていたりするので、自分の目的に合ったガイドブックを探して読み込もう

各県ごとに約40コースを紹介した「分県登山ガイド」

地域ごとの登山コースを網羅した「アルペンガイド」

山に登る前にしなければならないこと、それは情報を集めることだ。

自分が登ろうとする山が、体力的、技術的に自分の実力に見合ったものなのかどうかをまず確認したい。そしてそのコースにおける絶景ポイントや危険箇所なども調べておくと、楽しみが増え、安全性が高まる。天候の急変やアクシデント発生時のエスケープルートもチェックしておくといいだろう。また、登山口までの交通機関も調べておかなければならない。

こうした情報がまとめて紹介されているのが登山用ガイドブックだ。コースの難易度や特性とともに、山行中に必要な情報のほとんどが記されている。次の計画を立てるときの参考にもなるので、まずは一冊、手元に置いておこう。

→地図を使って山座同定をしよう
↓大きな地図だからこそ見えてくるものがある

登山地図を活用しよう

登山計画を立てるのに欠かせないのが地図だ。ガイドブックでは表現しきれない詳細な情報と、広域を見わたせるワイドな図幅が計画の夢をふくらませてくれる。地図を広げて、自分がこれからたどろうとする道や、そこから見えるであろう景色を想像するのも、山の楽しみのひとつといえるだろう。

ウェブサイト情報も使い方次第

登山に関する各種ウェブサイトには、日々、各地の山岳情報が寄せられている。豊富な写真とともに書かれた最新の登山記録は参考になるが、コースタイムはあくまでもその人個人の記録だということを忘れないように。他人のレポートが目に留まったら、計画をそのまま踏襲するのではなく、独自に調べて計画を立てる習慣をつけたい。

「ヤマケイオンライン」
https://www.yamakei-online.com/

↓地図をなぞるだけで登山計画書を作ってしまう機能をもつ専門サイトもある
←個人の投稿による最新現地情報

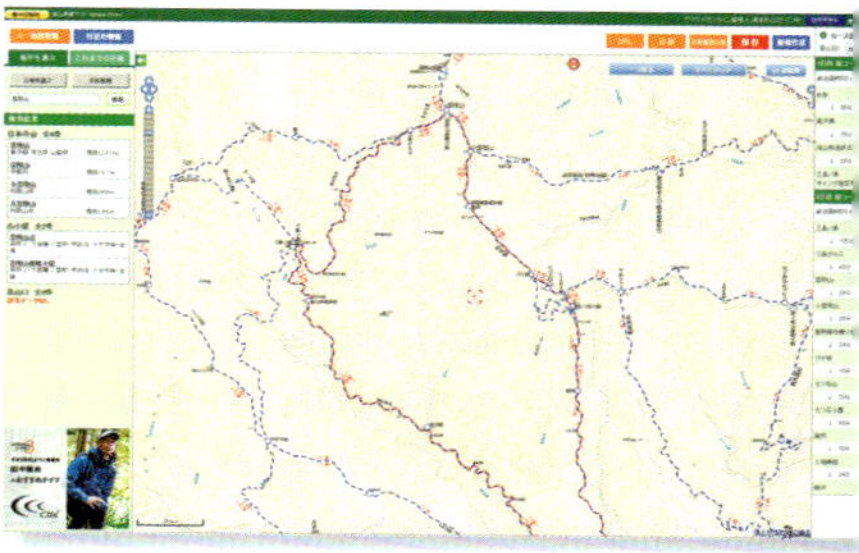

ジャンルに応じた技術書で専門知識を学ぼう

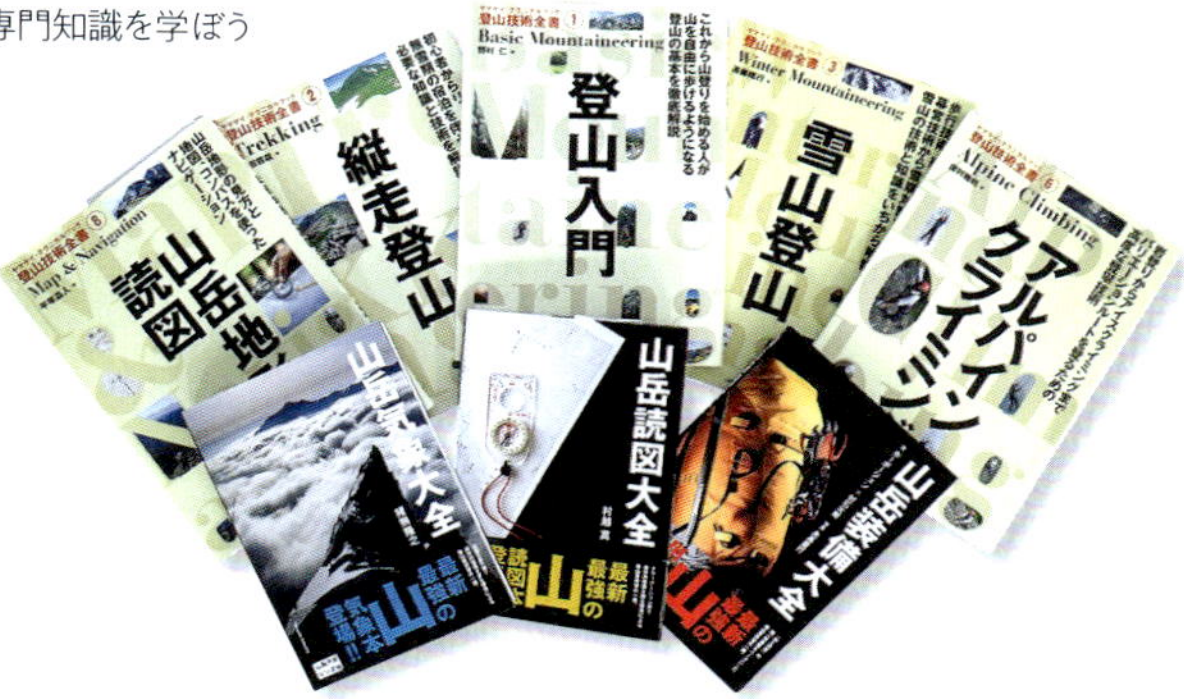

登山技術書で知識を深める

本書も登山技術書のひとつではあるが、山に関わる技術・情報はとても一冊に収めきれるものではない。なかでも山岳地形や気象といったテーマは奥深く、それだけで一冊の本として成立する価値がある。そのほかにもさまざまな技術書が出ており、今後も最新技術を扱った書籍が出版される予定なので参考にしてほしい。

いつ登るか

5月の北アルプスは完全な雪山。10月には新雪が降る

槍・穂高連峰

(8月8日)

奥穂高岳の稜線から望む槍ヶ岳

テントであふれる涸沢カール

行列ができる奥穂高岳の岩場

山行計画を立てるときに注意したいのが、登る季節だ。なかでも高山や北の山の登山適期は意外に短い。

たとえば5月。下界では桜も散って半袖で過ごせる陽気でも、北アルプスの稜線はたっぷりの残雪に覆われて、吹雪になることも珍しくない。そこはアイゼンとピッケルを使いこなせる雪山経験者のみに許された世界なのだ。6月になっても、高所では硬く締まった雪が谷筋などに残り、滑落への注意が必要になる。

そして9月になると稜線では氷が張り、10月初旬には初雪が訪れ、中旬には登山道が雪に埋もれることもある。

日本アルプスの主要な山は、7月下旬から9月下旬までがベストシーズン。それ以外の時期は、雪に対する備えが必要だということを知っておこう。

(5月7日)

槍・穂高連峰

右ページの写真とほぼ同じ位置から撮影した槍ヶ岳

5月連休の涸沢には多くの人が訪れる

鎖はところどころ雪に埋もれ、凍結した箇所もある

10月中旬を過ぎると、北アルプスや北海道の山は雪山だと心得よう

十勝岳

(10月21日)

頂上直下は完全にピッケルとアイゼンの世界。単独で挑んだ隣の富良野岳は、深い雪のために登頂を断念した

穂高岳

(10月18日)

北穂高岳〜涸沢岳間の鎖場には霧氷が付いていた。この日は午後から風が強まり、稜線は猛吹雪となった

登山経験の浅い人に合わせたプランニングを

同行者の登山経験に差があるときは、いちばん経験の浅い人に合わせて計画を立てるようにしよう

山での学びや、人との出会いを目的としたイベントに参加するのも楽しい

単独行は、山と一対一で向き合うという点において最も奥深い登山スタイルだが、危険もひとりで受け止める覚悟が必要だ

↑登山計画書は必ず提出するように。入山口で慌てないよう、事前に用意しておくといい

登山計画の立て方は、参加するメンバーや登るスタイルによって大きく変わってくる。

グループ登山の場合、必ずしもメンバーの実力がそろっているとはかぎらないので、そんなときは最も経験の浅い人に合わせるようにしよう。コースの選定も歩くペースも、その人に合わせる。ほかのメンバーも、他人のペースに合わせて歩くことを学ぶ気持ちになって一緒に歩こう。

注意したいのは、やはり単独行だ。ひとりの場合、アクシデントに見舞われたら対策が難しい。事前のルート研究をしっかりやっておくのはもちろんのこと、余裕をもった計画を立てるべきだ。

いずれにしても、重要なのは登山計画書を作って提出すること。これだけは絶対に忘れないようにしよう。

登山計画書の記入例

登山計画書（登山届）

20XX 年 7 月 28 日

長野県警察本部 山岳安全対策課 御中

目的の山域・山名	北アルプス 奥穂高岳				
役割	氏名	性別	生年月日 年齢	住所 電話（携帯電話）	緊急連絡先 電話（携帯電話）
CL	山渓太郎	男	1986.5.7 32	東京都千代田区 000000 090-0000-0000	山渓高雄（父） 03-0000-0000
	緑川好美	女	1988.3.29 30	東京都練馬区 000000 090-0000-0000	緑川岳（兄） 090-0000-0000
	深山晴子	女	1988.8.11 30	東京都八王子市 000000 080-0000-0000	深山郁（父） 042-000-0000

山行期間 20XX 年 8 月 2 日～20XX 年 8 月 4 日（ほかに予備日 1 日）

行動予定	
8 月 2 日	上高地～横尾～涸沢（涸沢ヒュッテ泊）
8 月 3 日	涸沢～白出のコル～奥穂高岳～白出のコル（穂高岳山荘泊）
8 月 4 日	白出のコル～涸沢～横尾～上高地
8 月 5 日	予備日
月 日	
月 日	

エスケープルート（計画変更時の緊急下山ルート）
悪天候時は来た道を引き返す

食料 各 3 食分 （ほかに予備食料 / 食分 /非常食 / 食分）

各自装備
無雪期登山装備一式

共同装備
ツエルト 1、燃料・バーナー 1

備考

＊登山計画書は事前に所轄の警察署に送っておくか、入山口の登山ポストに投函するようにしよう。
なお、ほかに2通作っておいて、1通は家に置き、1通は携帯するようにするといい

やっぱり気になる? 日本百名山

深田久弥選定「日本百名山」

	山名		標高(m)		山名		標高(m)
1	利尻山	りしりざん	1721	51	黒部五郎岳	くろべごろうだけ	2840
2	羅臼岳	らうすだけ	1661	52	水晶岳	すいしょうだけ	2986
3	斜里岳	しゃりだけ	1547	53	鷲羽岳	わしばだけ	2924
4	阿寒岳	あかんだけ	1499	54	槍ヶ岳	やりがたけ	3180
5	大雪山	たいせつざん	2291	55	奥穂高岳	おくほたかだけ	3190
6	トムラウシ山	とむらうしやま	2141	56	常念岳	じょうねんだけ	2857
7	十勝岳	とかちだけ	2077	57	笠ヶ岳	かさがたけ	2898
8	幌尻岳	ぽろしりだけ	2052	58	焼岳	やけだけ	2455
9	後方羊蹄山	しりべしやま	1898	59	乗鞍岳	のりくらだけ	3026
10	岩木山	いわきさん	1625	60	御嶽山	おんたけさん	3067
11	八甲田山	はっこうださん	1585	61	美ヶ原	うつくしがはら	2034
12	八幡平	はちまんたい	1613	62	霧ヶ峰	きりがみね	1925
13	岩手山	いわてさん	2038	63	蓼科山	たてしなやま	2531
14	早池峰山	はやちねさん	1917	64	赤岳	あかだけ	2899
15	鳥海山	ちょうかいさん	2236	65	両神山	りょうかみさん	1723
16	月山	がっさん	1984	66	雲取山	くもとりやま	2017
17	朝日岳	あさひだけ	1871	67	甲武信ヶ岳	こぶしがたけ	2475
18	蔵王山	ざおうさん	1841	68	金峰山	きんぷさん	2599
19	飯豊山	いいでさん	2128	69	瑞牆山	みずがきやま	2230
20	吾妻山	あづまさん	2035	70	大菩薩嶺	だいぼさつれい	2057
21	安達太良山	あだたらやま	1700	71	丹沢山	たんざわさん	1673
22	磐梯山	ばんだいさん	1816	72	富士山	ふじさん	3776
23	会津駒ヶ岳	あいづこまがたけ	2133	73	天城山	あまぎさん	1406
24	那須岳	なすだけ	1917	74	木曽駒ヶ岳	きそこまがたけ	2956
25	越後駒ヶ岳	えちごこまがたけ	2003	75	空木岳	うつぎだけ	2864
26	平ヶ岳	ひらがたけ	2141	76	恵那山	えなさん	2191
27	巻機山	まきはたやま	1967	77	甲斐駒ヶ岳	かいこまがたけ	2967
28	燧ヶ岳	ひうちがたけ	2356	78	仙丈ヶ岳	せんじょうがたけ	3033
29	至仏山	しぶつさん	2228	79	鳳凰山	ほうおうざん	2841
30	谷川岳	たにがわだけ	1977	80	北岳	きただけ	3193
31	雨飾山	あまかざりやま	1963	81	間ノ岳	あいのだけ	3190
32	苗場山	なえばさん	2145	82	塩見岳	しおみだけ	3047
33	妙高山	みょうこうさん	2454	83	東岳(悪沢岳)	ひがしだけ	3141
34	火打山	ひうちやま	2462	84	赤石岳	あかいしだけ	3121
35	高妻山	たかつまやま	2353	85	聖岳	ひじりだけ	3013
36	男体山	なんたいさん	2486	86	光岳	てかりだけ	2592
37	日光白根山	にっこうしらねさん	2578	87	白山	はくさん	2702
38	皇海山	すかいさん	2144	88	荒島岳	あらしまだけ	1523
39	武尊山	ほたかやま	2158	89	伊吹山	いぶきやま	1377
40	赤城山	あかぎさん(やま)	1828	90	大台ヶ原山	おおだいがはらやま	1695
41	草津白根山	くさつしらねさん	2171	91	大峰山	おおみねさん	1915
42	四阿山	あずまやさん	2354	92	大山	だいせん	1729
43	浅間山	あさまやま	2568	93	剣山	つるぎさん	1955
44	筑波山	つくばさん	877	94	石鎚山	いしづちやま	1982
45	白馬岳	しろうまだけ	2932	95	九重山	くじゅうさん	1791
46	五竜岳	ごりゅうだけ	2814	96	祖母山	そぼさん	1756
47	鹿島槍ヶ岳	かしまやりがたけ	2889	97	阿蘇山	あそさん	1592
48	劔岳	つるぎだけ	2999	98	霧島山	きりしまやま	1700
49	立山	たてやま	3015	99	開聞岳	かいもんだけ	924
50	薬師岳	やくしだけ	2926	100	宮之浦岳	みやのうらだけ	1936

Column

最高点に立てない日本百名山

本当の頂上はどこ？
最高点に
こだわらなくても
いいんだよ

浅間山

最高峰の釜山（2568m）は登山禁止。噴火警戒レベル2では前掛山（写真）への立ち入りも禁止されるため、外輪山最高峰の黒斑山（2404m）をめざす人が多い。

利尻山

最高点の南峰（1721m）への道は崩壊が進み危険なため、立ち入りが禁止されている。一般には祠のある北峰（1719m）が頂上とみなされている。

焼岳

最高点は南峰（2455m）だが、崩壊の危険があり登山禁止。一般には北峰（2444m）が頂上とみなされている。火山活動の状況にも注意が必要だ。

草津白根山

2018年1月の噴火で噴火警戒レベルが最大3まで上がり、以後、本白根山（2171m）山頂付近は立ち入り禁止状態が続いている。

大山

最高点の剣ヶ峰（1729m）周辺は崩壊が激しいために立ち入りが禁止されており、一般には弥山（1709m）を頂上としている。

御嶽山

大勢の犠牲者を出した2014年の噴火以来、火口周辺への立ち入り規制が続いており剣ヶ峰（3067m）には登れない。摩利支天山（2959m）が入山できる最高点。

日本百名山の完登を目標にされている方も多いことだろう。しかし、もし「山頂」を文字どおり山の頂（最も高いところ）と定義するなら、百名山の完登は誰もできないことになる。なぜなら最高点に立てない山が数多くあるからだ。

ここで私が言いたいのは、最高点へのこだわりよりも、山全体の魅力は何なのかを考える計画を立ててほしいということだ。百名山のなかには最高峰以外にも魅力的な山を多く擁した名山があるし、もちろん百名山以外にも優れた山は数多くある。また、山頂への最短コースが必ずしもその山の魅力を味わえるコースとは限らない。「百名山」というブランドや最高点への呪縛を解き、山そのものの魅力を実感できるプランを考えてみてはいかがだろう。

＊この情報は2018年3月31日現在のものであり、火山活動によって大きく変わることがあることをご承知おきください

Column

アルペンガイドと私

私が自分自身で山のことを調べ、計画を立てて登るようになったのは、中学生のときに一冊のガイドブックと出会ってからのことだった。そのとき書店で購入したガイドブックが、山と溪谷社のアルパインガイド『日光・奥鬼怒 那須・塩原』（沼尾正彦著）である。そこには山のコース案内が詳しく書かれていただけでなく、山麓の観光情報や地名の由来、古来の神話など、さまざまな情報が実に丁寧に記されていた。たとえば日光・戦場ヶ原の「戦場」の意味について、古くから伝わる神戦の話が次のように紹介されている。

「昔、下野の国（栃木県）・男体山の神と、上野の国（群馬県）・赤城山の神が領地争いをした。男体の神は大蛇、赤城の神は百足に化身して戦ったが、大蛇は大いに苦戦であった。ところが男体の神の孫で弓の名人の猿麻呂が、百足めがけて射た矢がみごと目に命中し、百足は七転八倒、のたうち苦しみながら赤城の山に逃げかえった。その時のムカデの血がたまったのが『赤沼』で、勝負を決めたところが『勝負ガ浜』（菖蒲ガ浜）。それに戦勝祝いをしたのが『歌ガ浜』だという。一方、傷ついた百足はその後木にまきついて苦しんだので『赤木山』（赤城山）となったという。」

ちょうど戦場ヶ原のハイキングコースを歩いたばかりだったので、もっと早くこの本に出会えていたらよかったのに、と、つくづく思った。それから他のエリアのアルパインガイドを買い足しては読みふけるようになっていた。

槍・穂高連峰への強い憧れを抱かせてくれたのが、『上高地・槍・穂高 常念・燕・乗鞍岳』（三宅修著）である。同著には上高地の名前の由来から、日本のアルピニズム発祥の歴史まで描かれているほか、序文には読者に向けた熱いメッセージが書かれていた。

「登山は無償の行為だという。それはたしかに人生に直接の利益をもちこむものではない。だからと言って、何も無償だと信じこむのも芸がなさすぎるのではあるまいか。

アルプスに登り、アルプスの心を知ること。それによって小さな自分の中に、いつか結晶するものがあるとすれば、それは決して無償とは言えまい。」

山の文芸誌『アルプ』の編集責任者だった三宅さんならではの、格調高い文章がこの後にも続いていた。

読み手から作り手へと立場が変わった今、これらの本から学んだことはこれからも大切にしたいと思っている。

↑15歳の夏にアルパインガイドを読んで登った槍ヶ岳

↓アルパインガイド『上高地・槍・穂高 常念・燕・乗鞍岳』

←高校一年の冬、日光表連山を縦走。小真名子山を登る

→奥日光・太郎山の梵天岩にて

↑中学1年のときに買ったアルパインガイド『日光・奥鬼怒 那須・塩原』

＊山と溪谷社のアルペンガイドシリーズは、当時「アルパインガイド」という名称を使っていました

Chapter 2

第2章

登山用具

自然のなかに分け入るために
必要な用具とは何か。
そしてそれをどう
使いこなしたらいいのか。
登山靴・バックパック・レインウェアを中心に、
安全登山に欠かすことのできない
用具の効率的な使い方を紹介する。

登山用具のなかには「三大基本装備」と呼ばれるものがある。登山靴、バックパック、雨具の3点だ。

登山靴の必要性は、あらためて説明するまでもないだろう。都会のアスファルトの道から未整備の山道へ。足元をしっかり固めなければ、不整地の登山道や岩場を安全に歩くことはできない。登山靴は軽量化が進み、多様化する登山スタイルに合わせてさまざまなモデルが誕生するなど、時代とともに進化している。

荷物を運ぶために必要なものがバックパックである。日本ではリュックサックという名称とともに、「袋」を意味するザック＝sackというドイツ語の表現が長らく使われてきたが、最近は英語のバックパック＝backpackという言葉が主流になってきた。

登山用具の選び方

まずは、登山靴、バックパック、雨具をそろえよう

登山の三大基本装備

登山靴　バックパック　雨具

それらの意味はいずれも日本語の「背嚢」と同じである。文字どおり袋に背負い紐をつけただけの時代から、現代はさまざまなベルトでフィット感を高める洗練されたデザインに変わってきている。

　そして雨具。三大基本装備に、なぜコレが含まれるのか疑問に思われる方もいるだろう。ただ、さまざまな衣類のなかで重要なものをひとつ選ぶとしたら、やはり雨具になる。過酷な自然条件のなかで、登山者の体をいちばん外側で守る「シェル」の役割を果たし、悪天時に命を守ってくれる装備である。軽くて着心地のいい商品が各種、発売されているので、一度、手に取ってみてはいかがだろう。

　ここからは三大基本装備を柱に、登山用具の選び方と使い方について紹介する。

登山用具店の壁にズラリと並んだ登山靴。このなかから自分に合った靴を探し出そう（撮影協力＝ICI石井スポーツ登山本店）

登山靴の選び方

最初の一足はハイカットの軽登山靴

この50年間における登山靴の進化には目を見張るものがある。かつて登山靴といえば革製の重いタイプしかなく、それを夏山縦走にも岩登りにも、そして冬山登山にまで使い込んでいたものだ。革靴はどんなに手入れをしても防水に限界があり、一度、濡れてしまうと乾かすのに苦労した。冬山では凍らないようシュラフに入れて抱いて寝たものだった。

最近の登山靴の多くは内部に防水透湿素材を使い、外からの濡れを防いで中の蒸れを拡散できるようになっている。しかも軽量で、足にフィットしやすいような靴紐の仕組みがなされている。さらに登る山やスタイルによって選択肢の幅が広がるので、登山用具専門店で自分が登ろうとする山を店員に話して相談しなが

登山用具店でプロの意見を参考にして選ぼう

実際の足の長さ、幅、左右の違いなど、専用の器具で測ってもらうといい

知識が豊富な専門家の意見を参考にして選ぶと安心だ

必ず試し履きをさせてもらおう

斜面に足を置き、つま先、カカト、小指側に圧迫感がないかチェック

カカトのホールド感がしっかりしているか、底の硬さはどうかを確認する

カカトに指が1本、入るくらいの余裕が必要

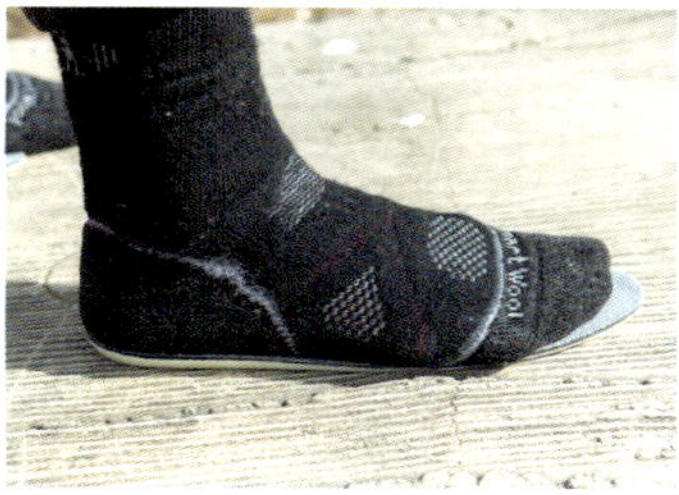

インソールを取り出して足を置き、指先に余裕があるかを確認してもいい

足を前に出した状態で、カカトに指が入るくらいの余裕が必要だ

ら選ぶのが理想的だ。

とはいっても、自分の目標の山はこれから決めるのでよくわからないという人なら、ハイカットの軽登山靴を選んでおけばいい。くるぶしまでカバーする高さがあれば、不安定な道でも足首をしっかり保護できて捻挫の予防に役立つし、ぬかるみや水たまりが現れても安心して通過することができる。

ミドルカットは、軽い荷物で軽快に山を歩きたいときに使うと楽だが、重い荷物のときにはハイカットに比べて足首の保護が十分ではなくなるので注意しよう。

山道を歩き慣れている人ならローカットという選択肢もある。不整地を安定して歩く自信がついてきたら、軽い荷物のときに限定して使ってみるのもいいだろう。

インソール（フットベッド）

インソールにも気を使おう

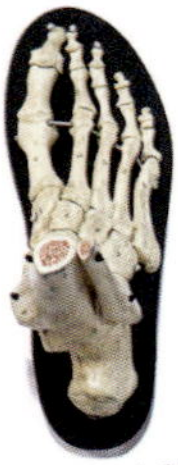

歩行のバランスを整えるのに重要な役割をもつのが土踏まずで、それはカカト、母趾球、小指の付け根の3点で構成される

それぞれに特徴のある市販のインソールたち

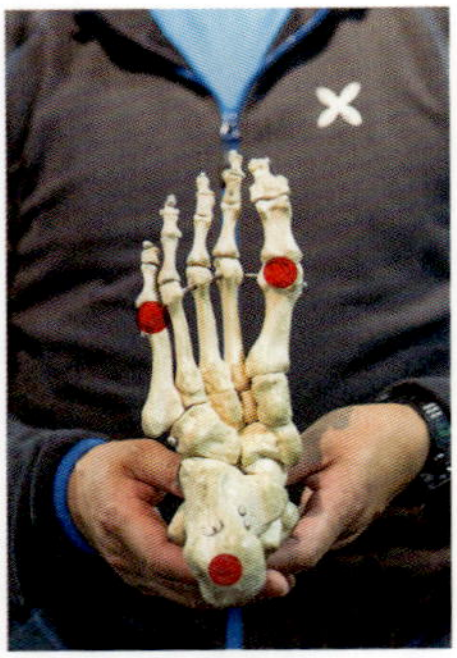

足裏のこの3点が土踏まずのアーチを作っている

インソールの裏側。カカトの押さえと足底のアーチを矯正する機能をもつ

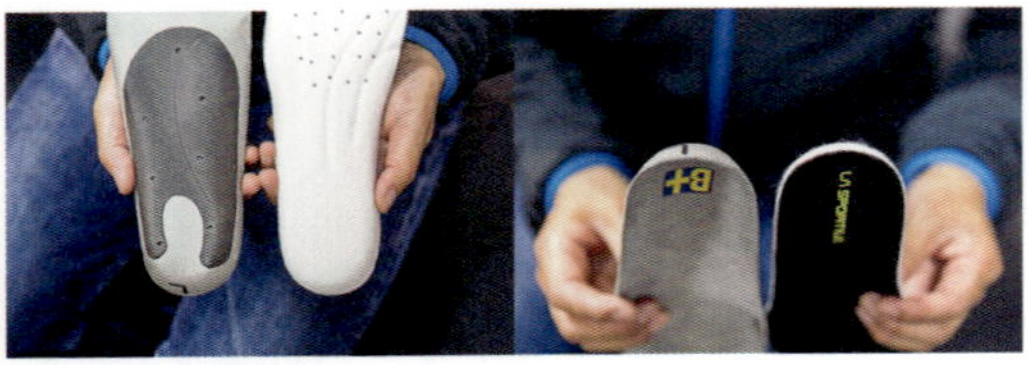

右が登山靴に最初から入っているインソール。左が市販のインソール。作りの違いは一目瞭然。入れ替える価値は十分にある

自分に合った登山靴を選んだあと、さらにフィット感を高めて快適な歩行をめざしたいならば、インソールを市販のものに替えてみよう。インソール専門メーカーが作り出す商品は、歩行時の足の裏の動きを研究した上で理想的なフィット感が得られるように工夫がなされている。

人が歩く際には、カカトと母趾球（親指の付け根）、小指の付け根の3点でアーチ（土踏まず）が作られ、バランスを維持しているのだが、疲労によってこのアーチが崩れてくることがある。それを矯正してくれる機能が、これらのインソールに含まれているのだ。ほかにも足裏の衝撃を吸収する素材が使われるなど、登山者の安定した歩行に役立つインソールをぜひ試してみるといい。

Column

シチュエーションに合わせて専用の靴を選ぶ

高所登山

高所で必要とされる機能は防寒性と軽量性、それと低酸素下でも素早く履けるシステムだ。これは一本の靴紐をフックに掛けるだけで履けるタイプ

雪山登山

防寒性が重要なことはもちろんだが、ワンタッチ式のアイゼンをしっかりセットするためには、靴底の硬さと、コバ(溝)がつま先とカカトについているのが条件となる

沢登り

日本独自の登山スタイルである沢登りでは、専用のシューズが使われる。靴底にはフェルト生地か、濡れに強いゴムが使用されている

トレイルランニング

山を走るために作られたランニングシューズのオフロード仕様といった作りで、グリップ力の高いソールが使われている

靴紐は、一度つま先まで緩めてから締め直す

実践！登山靴試し履き

1 靴紐をつま先まで緩めてから

2 カカトをトントン（重要）

3 つま先から締め始めて

4 緩まないように上まできっちりと

5 カカトの収まりを確認しながら

6 足首までしっかり締める

登山靴を履くときの注意は、まず、焦らないことだ。特に出発時の山小屋の玄関はいつも混雑していて、つい慌ただしく靴紐を締めてしまいがちになる。ここは落ち着いて、その日の最初の一歩を踏み出す前の儀式と思ってしっかり履くようにしよう。

最初に靴を逆さにして、中に小石やゴミが入っていないかをチェック。それから靴下にシワが寄っていないことを確認して靴に足を入れる。カカトにピッタリ合わせることが重要だ。それから靴紐を、つま先からひとつずつ丁寧に締めていこう。緩みにくいように、片方の指で靴紐を押さえながら結ぶといい。左右履き終えたら立ち上がって履き心地を確認する。どこかに違和感があれば、ここですぐに微調整しておこう。

Column

足首が楽に動かせるV字結び

① 最上部のフックに上から掛けたら

② ひとつ下のフックに下ろして

③ すくい上げるように掛けて

④ 2番目のフックの位置で結ぶ

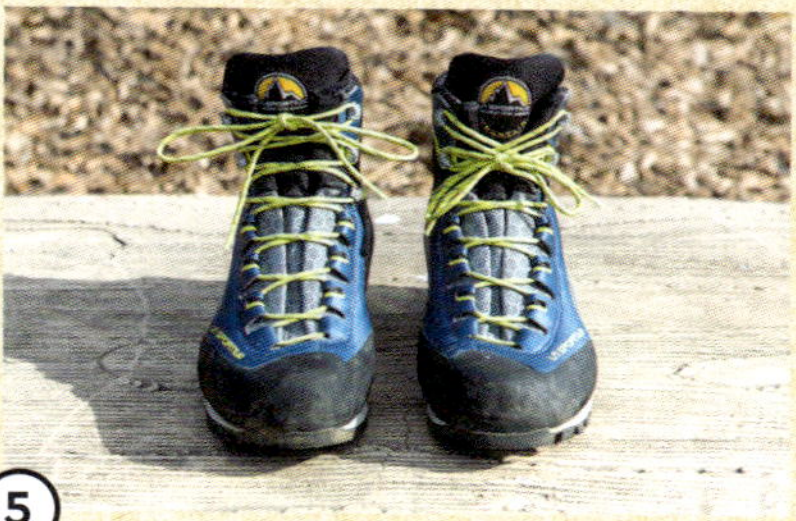
⑤ 足首にV字形のラインが見える（右）

⑥ 足首の曲がり方も楽になった

ハイカットの登山靴で、特に雪山を意識したモデルなどは足首が深くて自由に曲げにくいと感じることがある。本来、登山靴は靴紐を上までしっかり締めた上で最高のパフォーマンスが発揮できるように設計されているのだが、一定の傾斜が延々と続くような登り坂では、もう少し足首に自由が欲しくなることがあるもの。そんなときに私が使っているのが、上に紹介する「V字結び」だ。

最上部のフックで靴紐が真横に結ばれているときよりも、足首が靴紐の作り出すV字形のラインに沿って自然に曲がりやすくなるため、スネに対するストレスを軽減することができる。足首の保護が弱くなるので積極的におすすめすることはできないが、参考までに知っておくといいだろう。

登山靴のメンテナンス

次の山行でも気持ちよく使うために

1 インソールを取り出し、丁寧に洗うためには靴紐も外す。インソールは靴とは別に洗おう

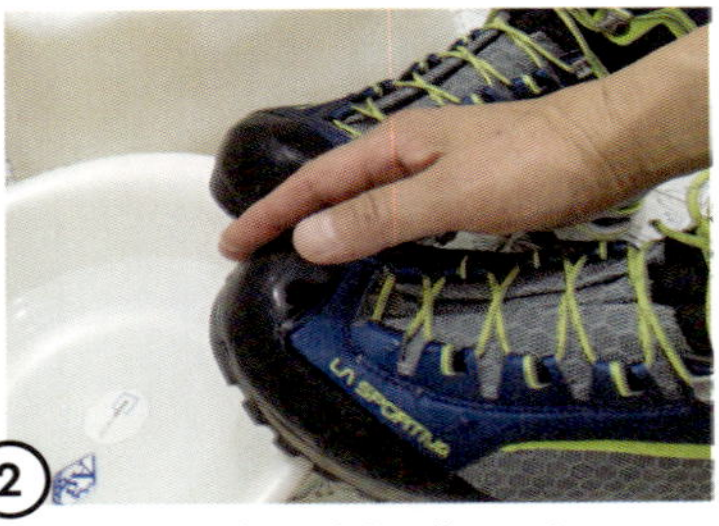

2 軽い汚れは手洗いで十分に落ちるが、しつこい汚れには中性洗剤を使ってブラシで洗ってもいい

3 靴底に付いた泥はブラシを使って（半分に折った歯ブラシの角がちょうどいい）落とそう

4 バスルームの使用は家庭平和に深いダメージを及ぼす恐れがある。証拠隠滅はしっかりと

5 洗った靴は直射日光には当てず、風通しのいい場所で陰干ししよう

6 十分に乾いたら防水スプレーをシュッとひと噴き。これで水の弾きは格段に変わる

愛用の登山靴を長く履き続けるためには、きちんとしたメンテナンスが必要だ。山から下りた日に靴を洗って乾かせればいいのだが、もし、そのまま家に帰った場合は、インソールを抜いて風通しのいいところに置き、靴の中を乾燥させておこう。

そして靴の汚れを落とす場合、これは誰にもおすすめできるわけではないが、仕上げはバスルームが理想とされる。明るい光のもとで靴の劣化状況を子細に観察でき、お湯をふんだんに使ってやさしい洗浄を施すことが可能だからだ。

最初にインソールを取り出して、インソールだけを洗う。靴紐も、汚れがひどい場合には外して洗ってしまおう。靴本体については、まずは汚れの目立つアッパー部分をブラシやタオルを使って、あるい

ラバー洗浄の秘密兵器

Column

タイヤクリーナー

→ゴムの部分に噴射。泡が汚れを浮き立たせたら布で拭き取る

右が使用後の状態。撥水効果も上がっている

　どんなにしっかり洗ったつもりでも、登山靴の黒いラバー部分に白っぽい汚れがしつこく残ることがある。洗剤を使って洗っても、この汚れはなかなか消えてくれない。そこで、手軽に汚れを落とすためにタイヤクリーナーを使うという方法がある。噴射された泡が微細な汚れを浮き上がらせ、ゴムが見違えるように黒く美しくなる。私もスタジオ収録の際に何度か使ったことがあり、その美黒効果には絶大な信頼を寄せていた。

　ただし、タイヤクリーナーの使用については無条件でおすすめするわけにはいかない。なぜならタイヤクリーナーのなかにはゴムを劣化させる成分が含まれているものがあるからだ。それを承知の上で、素早くきれいな靴の状態を取り戻すための最終兵器、くらいに考えておくといいだろう。実際には、白っぽい汚れなどは、ちょっと歩き出せば気にならなくなるものだから……。

タイヤクリーナーはカーショップなどで手に入る

皮革製登山靴の場合

① 靴紐を外す。甲の部分のゴミはきちんと落としておこう

② 全体の汚れを落としたのち、保革クリームを適量、革につける

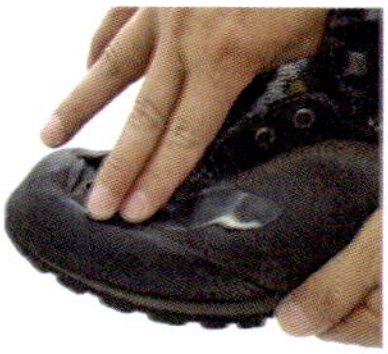

③ 指先を使ってクリームを薄く広くのばして丁寧に塗り込む

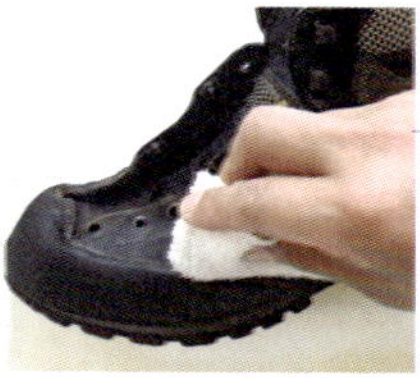

④ 乾いた布で磨く。さらにブラシをかけると光沢が出て防水効果も増す

⑤ 靴紐を通し直して完成。風通しのいいところに保管しよう

は素手できれいにする。ソール部分のしつこい泥は使い古しの歯ブラシなどで洗い落とすといい。

　ひととおり汚れが落ちたら、直射日光を避けて風通しのいいところでしっかり乾燥させる。雨の日の歩行などで内部が濡れてしまっている場合には、丸めた新聞紙を入れて湿気を吸収させることを何度か繰り返し、ゆっくり乾燥させるようにしよう。ドライヤーなどを使って急激に乾かすと型崩れの原因になるので、しないように。

　すっかり乾燥させたら、最後に防水スプレーをかけて、あとは家の中の風通しのいいところに保管する。買ったときの箱に入れておくのは、密封空間が靴にダメージを与えることになるため、できるだけ避けたい。

バックパックの種類と選び方

サイズ

10-15ℓ　20-30ℓ　30-50ℓ　50ℓ～

主な用途

トレイルランニング
ランニング時の激しい運動中でも体にフィットするよう、幅広のショルダーベルトを装備した軽量タイプ。もちろんハイキングにもOK

日帰り～山小屋泊
最も汎用性が高いのがこのサイズだ。無雪期の日帰り登山から山小屋泊まり2、3泊まで、この程度の容量があれば十分に対応できる

山小屋泊
無人小屋泊など、食料や炊事具、寝具といった生活用具を運ぶにはこのくらいの容量が必要とされる。軽量化を心がければテント泊も可能

長期・テント山行
テント泊の装備と食料を持っていくにはこのくらいの容量があると心強い。カメラ機材を運んだり長期山行のときにも重宝するサイズだ

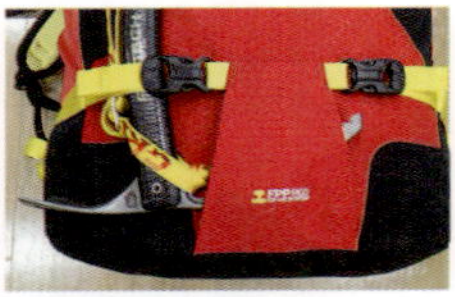

ピッケルホルダー
いろいろなタイプのホルダーが出ているので、事前に使い方を覚えておこう

キーリング
下山してすぐに出せるよう、車や家の鍵はここに掛けておくと便利だ

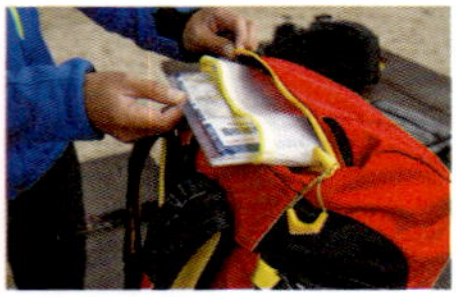

天蓋
すぐに出すものはここに入れておくといい。防水対策をしっかりしておくこと

バックパックを選ぶ際、考慮したいのはその容量だ。めざす山の計画が日帰りなのか山小屋泊なのかテント泊なのか、そして何日の行程になるのか。山行スタイルや、かかる日数によって、必要とされる容量は変わってくる。

おおよその目安としては、日帰り山行が小型の20～30ℓ、山小屋泊が中型の30～40ℓ、山小屋で2、3泊程度の素泊まりなら40～50ℓ、そしてテント泊山行なら大型の50ℓ以上といったところ。これは、あくまでも無雪期に基本的な装備と食料だけを持つ場合の概算で、入山日数が増えたり、雪山用に防寒着やアイゼンなどの装備が加わったりすると、もう一回り大きなサイズが必要になる。だからといって、大は小を兼ねるとばかりに大きすぎるバックパックを選ぶ

バックパックの名称

と、つい余計なものまで持ってしまうことがあるので注意しよう。

容量とともに注意したいのはバックパックの背面の長さだ。特に女性の場合、肩から腰までの長さが短い人はヒップベルトが腰骨の下まで落ちてきてしまい、非常に背負いにくくなる。メーカーによっては背面長の短い女性専用のモデルが用意されているので、そちらを選ぶようにするといい。なお、大型パックには背面の長さを調整する機能がついているものもあるので活用するといいだろう。

そのほか、バックパックには収納方法やフレームの形状、パッドの厚さなどによる違いがあるが、便利さ・快適さと重さは背反するものなので、自分の目的に合わせて選ぶようにしよう。

バックパックのベルトは下から順に。最後はチェストで整える

バックパックのフィッティング

1 **ウエストベルト（ヒップハーネス）**

腰骨の出っ張りの少し上にベルトが当たるように位置を調整する

2 **ショルダーベルト（ショルダーハーネス）**

緩めておいたショルダーベルトの末端を両手で引き、ベルトを肩に合わせる

3 **トップスタビライザー**

バックパックの重心をより体に密着させるようにベルトを締める。引きすぎ注意

4 **チェストストラップ（チェストハーネス）**

左右のブレを抑えるようにチェストストラップで調整する

完成形

バックパックのカーブが背中に吸い付くようにフィットしている

昔のバックパックの作りはシンプルで、荷物を入れるパック（荷物袋）に、背負うための肩ベルト（肩紐）が付いているだけの単純な構造だった。当時、荷物はひたすら肩で背負うものだった。それが、ウエストベルト（ウエストハーネスやヒップベルト、ヒップハーネス）を使って肩だけでなく腰にも荷重を分散・安定させるようになり、現在のバックパックはさらに、体にフィットさせるためのさまざまな機能をもつようになってきた。

　バックパックをしっかり背負うためには、基本的に4カ所のベルト（ハーネス）を体に合わせて調整することが大切だ。最初に合わせるときには、すべてのベルトを一度、緩めておくといい。

　最初に調整するのはウエス

背負い方にも注意しよう

① ハンドルループ、またはバックパックのサイドを両手で持って引き上げる

② 荷が重い場合には一度、ヒザに置いて中継するといい

③ 体を反転させてショルダーベルトに肩を入れる

④ バックパックは引き上げたときの向きのままで、背中を合わせていく

⑤ 両肩をベルトに通して完成

×

NGな背負い方

片方のショルダーベルトをつかみ、クルリと振り回すような背負い方は、周囲に迷惑をかけるだけでなく転倒の原因にもなるので注意しよう。基本は持ち上げたバックパックの向きに背中を合わせていく、ということだ

トベルト。まず、腰に当たるベルトの位置をしっかり決める。それから荷重が最も多くかかるショルダーベルト（ショルダーハーネス）の調整をする。荷物が後ろへ引っ張られないように、そして肩が窮屈にならない程度の長さに調整しよう。そして、バックパック上部の荷重を体に密着させるために、トップスタビライザーを引いてフィット感を高める。引きすぎるとショルダーベルトと肩の間に空間ができてしまうので注意し、ショルダーベルトの長さも、ここで再度、確認しておくといい。

最後にチェストストラップを締めて調整する。ショルダーベルトの位置を安定させ、左右のブレを抑える効果があるので、胸がきつく感じない程度にセットしておこう。

パッキング技術

ポイントは「薄く」。ベテランに見えるパッキング術

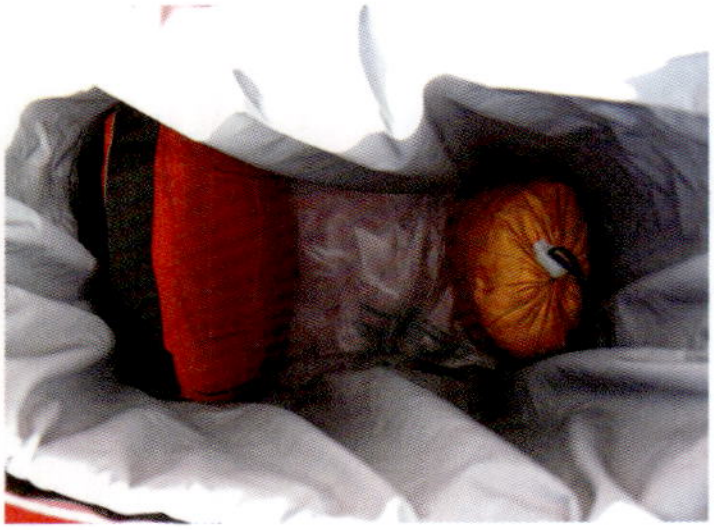

エマージェンシー関連グッズは、入れる場所を決めておくといい。私の場合、救急用品は必ず右サイド、ツェルトは左サイドと決めている。緊急時に必要な用具は、バックパックの中を見ないで素早く取り出せるようにしておきたい

バックパックの重心が体に近づくよう、横に横に薄く詰めるのがポイント。いわゆる「ダンゴ」のような丸い状態にならないように

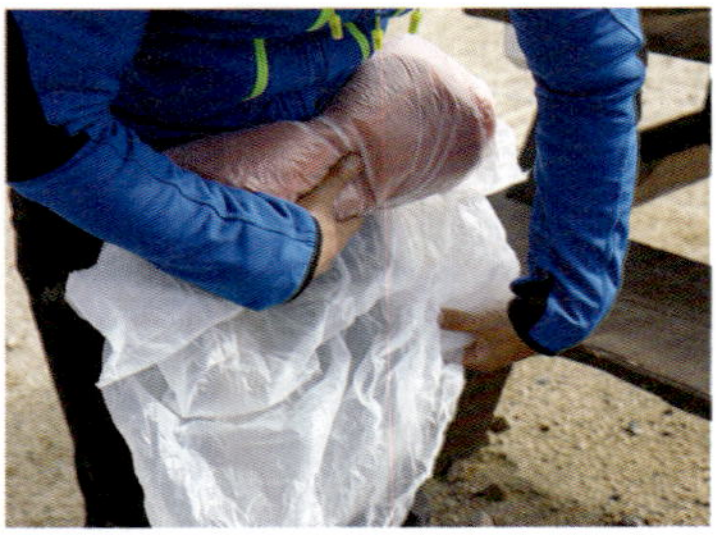

絶対に濡らしたくない着替え類は防水処理をして底のほうに入れよう

最近のバックパックは機能が充実し、背負うこともパッキングも、たいへん楽になった。ちょっと昔の、布一枚だけで本体が作られていた時代に比べると、今は背面に緩衝用のパッドやフレームが付いていて、多少、荷物を雑に詰め込んでも大丈夫な仕組みになっている。

とはいっても、荷物の詰め方次第でバックパックの背負い心地は大きく変わってくる。ここでは、より快適に背負うためのパッキングのコツをお伝えしよう。

まず、バックパックの背負い心地は、見た目に反映されるということを知っておくといい。パッキングを見ればその人の登山経験がわかるといわれるように、経験を積んだ人の荷物は見た目がきれいだ。初心者との違いは、簡単に言

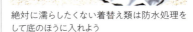

完成

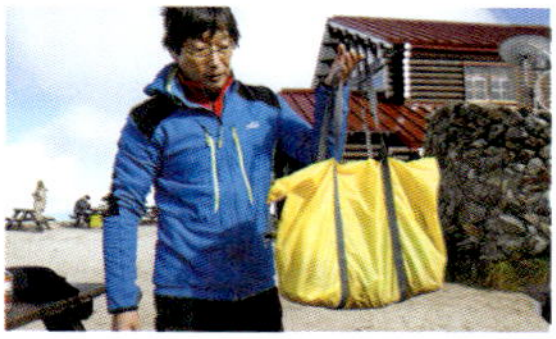

軽量のトートバッグがあると、荷物の整理に便利。入山時に登山靴を入れたり、テント設営の際に荷物を仮置きしたり、有効に活用できる

背中の中央付近には食料やコンロセットなど、いちばん重いものを入れておくこと

ヘルメットはできれば外に出さず、バックパックの中に入れるようにするといい。また、軽量マットとインナーバッグを使えば防水効果も対衝撃性も高まる上、見栄えがよくなる

細長い荷物は重量バランスを考え、左右に振り分けてタテに入れる。飲料類も横にしないでタテに詰めたほうがバランス的に落ち着くし、水没の恐怖を味わわずに済む

えば荷物を詰める方向性への意識の違いだと思う。

　ポイントは、荷物をなるべく横へ横へと、薄く詰めるようにすること。荷物は体の中心に近いほうが楽に背負える。無造作に詰め込んだ結果、ダンゴのように後ろがふくらんでしまうと見た目も美しくないし、なにより、荷物の重さで後ろに引かれるような感覚になってしまう。荷物の重心を体に近づけるためにも、バックパックは薄めに詰めるようにしたい。

　また荷物のバランスは、背中の、ちょうど左右の肩甲骨の中間あたりに重さが集中するように調整できるといい。たとえていうなら、サイコロのような厚みのある形ではなく、将棋の駒を逆さにしたような形が理想の荷重配分だと思っておくといいだろう。

荷物を軽くするためのチェックポイント5

1. 余分な着替えは持たない
2. 嗜好品・非常食は適量を
3. 定番アイテムを軽量化
4. 「あれば便利」は置いてゆく
5. 体力でカバーという考えも

254g

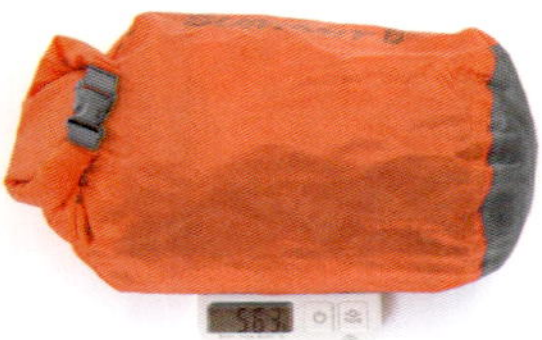

563g

① 着替えを減らす（−300g）

つい持っていってしまいがちな着替えのフルセットだが、軽量化を図る際は極力、切り詰めるようにしよう。夏ならばTシャツ+短パンで十分だ。

荷物が重く大きくなってしまう人には、山で使う必要のないものを持ってきてしまう、必要な装備・食料を過剰に持ってくる、という傾向がある。ここでは持ちすぎ傾向のある人のために、何を置いていって何を減らしたらいいのか、考えてみることにしよう。

まず、余分な重さの元となっている代表格が着替え類だ。下山後、あるいは山小屋で、汗とほこりにまみれた行動中のウェアをそのまま着ていることに抵抗を感じる人も多いことだろう。さすがにパジャマを持ってくることはないだろうが、行動着と同等の着替えをフルセット用意している人もいるようだ。基本的に着替えは直接、身に着けるウェアを中心に1組。それも、夏ならTシャツと短パンだけで事足りる。

870g　1650g

③-2 バックパックを軽量タイプに（－780g）

背負いやすさを求めてパッドを厚くしたり、収納の便利さを求めて気室を増やしたりすることがバックパックの重量増につながる。よりシンプルで軽量素材のものを選べば、特に中～大型のバックパックは軽量化が図れることだろう。

150g

280g

④ 事前に置いていくもの（－430g）

「あったら便利」というものは極力、持たないようにすることが軽量化への近道。フリースとダウンジャケットはどちらかだけでいいし、サブザックなどはメインのバックパックのサイドを絞れば事足りる。ただ、重さを気にしない体力を身につければ、星空観察用のダウン上下や撮影用の三脚や交換レンズや双眼鏡など、何を持っていっても自由だ。使わないものを運ぶ無駄は避けたいが、本当に必要なものと判断すればバックパックに入れ、それを負担と思わない体力をつけよう。

② ゼリー飲料の持ちすぎ注意（－600g）

飲めば背中の荷物が軽くなっていくのがわかるくらい、質量的に重いのがゼリー飲料だ。よく計算して数を抑えるようにするといい。

650g

385g

③ レインウェアを軽量タイプに（－265g）

軽量レインウェアも、ジャケットが200g以下の時代になった。ただし軽さは生地の薄さにつながっているため、安心感を求めてノーマルタイプを選ぶのもひとつの見識だ。

次に重いものといえば、やはり食料。非常食の分も意識して、つい多めに持ってくる人がいる。特にゼリー飲料の持ちすぎに注意しよう。ひとつが約200g。3つで600gと、これは注意すべき対象だ。

さらに荷物を軽くしたければ、装備そのものの軽量化を図るといい。バックパックやレインウェアなど、今は軽量タイプが各社から出ている。バックパックなら40～50ℓで1000g前後、雨具は200g以内あたりが軽量タイプの中心だ。

そして「あると便利」程度のものは、軽量化のためには置いていくようにしよう。たとえばサブザックなど、メインのバックパックで代用できるものは持っていかなくても十分といえる。

防水透湿素材の上下セパレートタイプを選ぼう

突然の雨には、しっかりしたレインウェアで対応したい

雨の日にこそ輝く山もある

苔の絨毯を敷き詰めたような深い森の散策は、雨の日のほうが断然、緑に深みが生まれて美しい。レインウェアを着こなして雨の山を楽しもう。鳳凰三山にて

降雨後

降雨前

Column

傘を差してもいいんだよ

道幅が広く、足場が安定した場所であれば傘も快適

←100gを切る
軽量折りたたみ傘

「雨の日の登山中に傘は使わないように」という教えがある。これは、不意の転倒などに備えて、両手は常に自由に使えるようにしておくべき、という理由によるものだ。もちろん、風の吹く稜線で傘を差すことは危険だし、絶対にやめていただきたいのだが、麓のアプローチの安定した道にまでその考えを押し付ける必要はないと思う。

公園の遊歩道のように整備された道で風もなければ、レインウェアだけで歩くよりも傘を差したほうがはるかに快適に感じられる。実際に傘を差す場合は、すれ違う人の邪魔にならないよう気をつけて、安全性を十分に確認してからにしよう。

その他の雨対策グッズ

レインハット

フードの下にかぶると、視界をクリアに保つことができる

レイングローブ

寒さやケガから手を守るためにレイングローブを着用しよう

バックパックカバー

荷物を濡れや汚れから守るのに重要なアイテムだ

レインウェアにはポンチョやビニール素材のカッパなど、さまざまな種類があるが、登山用には防水透湿素材を使った上下セパレートタイプのものを選んでおけば間違いない。山の稜線では、雨は風を伴って横から吹き付けることもあるので、ポンチョや傘では役に立たないのだ。

また、レインウェアで重要なのは透湿性で、体から出た湿気が内にこもると、それだけで衣服が濡れてしまう。ビニール素材のものは、防水性が完璧でも内側から濡れてしまうので敬遠しよう。

防水透湿素材を使ったレインウェアは高価だが、雨を防ぐだけでなく防風・防寒のためにも活用できる。悪天候から身を守る重要な装備なので、登山用具専門店のアドバイスを参考に購入するといい。

レインウェアを素早く、きれいに着る方法

レインジャケットの瞬間着用法

フードの庇部分を持ち、折りたたんだジャケット部分を中から引き出すと、そのまますぐに袖を通すことができる

レインウェアを着るタイミングは、出発のときから雨という状況は別として、降りだしてから慌てて着る、というケースが多い。着ている間にも雨はどんどん降り続くので、とにかくスピードが必要とされる。

早く着るためには、ジャケットのフロントファスナーを全開にしてフードの中に本体をたたみ込み、ザックの上部に入れておくといい。こうしておけば、いちいち袋から取り出す手間が省け、すぐに袖を通すことができる。ファスナーを首元まできちんと閉めてたたみ、袋に入れた状態だと、出してから着るまでに無駄な時間がかかってしまうものなのだ。

レインパンツも同様に、すべてのファスナーを全開にしておくといい。特に裾のファ

レインパンツの快適着用法

レインパンツのはきやすさはポリ袋一枚で劇的に変わる。ぜひ、試していただきたい

濡れたレインウェアはバックパックカバーに入れる

山小屋で受付を済ませ、濡れたレインウェアを乾燥室まで運ぶ際、床を濡らさないよう、裏返しにしたバックパックカバーに入れるといい

スナーを開けておけば、登山靴を履いたままパンツをはくことができるので、必ずフルオープンにしておくこと。

とはいっても、泥で汚れた登山靴を履いたままパンツをはくのは難しい。靴底のゴムがパンツの中で引っかかり、さらにパンツの内側を汚してしまう恐れがある。

このときに役立つのがスーパーなどで使われているポリ袋だ。ポリ袋の中に足を入れた状態でレインパンツをはくと、パンツの中を汚すことなく、気持ちいいほどスムーズに足が通る。

なお、レインスパッツを併用する場合は、レインパンツの下に着用するといい。上に着けてしまうと、パンツの表面を伝ってきた雨がスパッツの内側に入り込んでしまうからだ。

山のウェアはレイヤードが基本

夏のアプローチはアンダーウェアの上に半袖シャツが快適

アームカバーで長袖に変身

＝

冷えてきたら長袖シャツを重ね着するといい

アームカバーの重さは40g程度

アームカバーを使って半袖を長袖にするのも手軽で便利だ

山の上が涼しいことは誰でも知っていることと思う。実際には標高が100m上がるごとに気温が0・6℃下がるといわれている。つまり3000mの稜線では、下界が30℃の真夏日であっても12℃。これは東京の11月から12月にかけての平均気温と同じである。

ただし登山の場合、いきなり18℃も気温が下がるわけではない。少しずつ登りながら、少しずつ低い気温帯に入っていく。一方で運動中は体が温まり、汗をかくこともある。さらに登山中と休憩中では気温の感じ方がまったく違う。このような体感温度の変化に素早く対応できるように備えるのがレイヤード（重ね着）の考え方なのである。

たとえば真夏の場合、登山の開始が日中であれば半袖が

保温効果のある薄手のソフトシェルも重ね着には便利

稜線では風を避けるために薄手の防風ジャケットが快適だ

朝夕の冷え込み対策としてライトダウンジャケットがあるといい

朝晩の3000m級の稜線は、真夏でも東京の真冬並みに寒い。防寒用にフリースまたはライトダウンジャケットを常備しよう

9月中旬に燕岳~常念岳を縦走したときの稜線での着用例。防風のためにレインウェアを着るのも手だが、薄手の防風ジャケットのほうが透湿性が高く、しなやかな肌触りなので行動着として着用した

心地よい。風をあまり受けない樹林帯ではなおさらで、出だしの急な登りではかなりの汗をかくことだろう。

少し登って風と寒さを感じるようになったら長袖のシャツを上からはおるといい。もしくはアームカバーをプラスするという考えもある。

さらに標高が上がり、森林限界を越えて強い風が吹いてきたら、薄手のウインドシェル、またはソフトシェルを体温調整に役立てよう。風をシャットするだけで体感温度はしっかり保たれるはずだ。

そしてそれでも寒さを感じるようになったら、防寒着としてのフリースやダウンジャケットを着用する。

このように、状況に応じて脱ぎ着して体温調整をすることが、山登りではとても重要なのである。

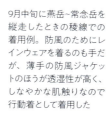

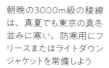

パンツスタイルの変遷

歩きやすいスタイルとは？ニッカーからショートパンツまで

1970年代

ニッカーズボン

高校1年の夏、登山経験ゼロの友人を誘って裏銀座コースを歩いたときの服装。ウールのニッカーズボンにニッカーホース（長靴下）を合わせ、上着はカッターシャツ。背中には当時の流行りだったフレームザックを背負っている。ニッカーはヒザの上げ下げが楽で、ウール素材も適度に汗を吸収・発散させて高山では快適だった。鷲羽岳山頂にて。

1980年代

ナイロンジャージ

大学時代、クライミングを始めるようになるとナイロンジャージの快適性に目が移った。濡れても乾きやすく、伸縮性のある素材がハードな山にもフィットした。ライン入りの、いわゆる体育ジャージ的なデザインには抵抗があったので、このころはテニスのウォームアップ用ジャージを山ではいていた。中央アルプスを縦走中のひとコマ。

1980年代後半

クライミングパンツ

大学山岳部の夏山合宿では、摩擦に強いコットンを素材にしたクライミングパンツを主にはいていた。ヒザとお尻の部分が二重になっていて、最初はゴワゴワした感じだったが、はき慣れてくると肌触りも快適で、クラック中心の岩場やヤブこぎの際にはとても頼もしい存在だった。笠ヶ岳・穴毛谷四ノ沢第一岩稜の登攀終了後、稜線にて。

「登山用にジーンズはNG」という話はすでに一般常識としてご存じのことだろう。綿100％のパンツは汗で濡れるとヒザにまとわりつき、登るのに苦労する。そして乾きにくさが、ずっと不快な思いをさせるのだ。では、登山のためのパンツは何がいいのか、過去40年の自分の登山経験を基に考えてみた。

1970年代、高校生のころはニッカーズボンが主役だった。動きやすさ、保温性については申し分なかった。しかし悲しいかな、日本人の足の短さをカバーできないデザインに不満が残った。

1980年代はジャージ、ところによってクライミングパンツという時代。動きやすさと耐久性を両立させたジャージは万能選手と思われていたが、素材のチープさと体育

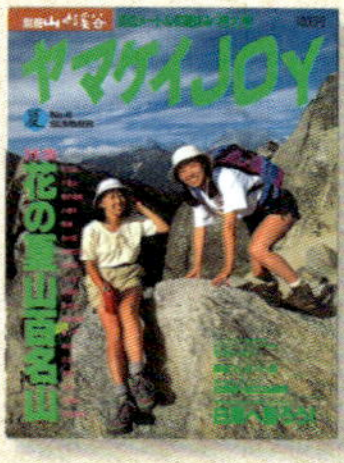

肌の露出がまぶしい1995年の『ヤマケイJOY』表紙

2005年ごろから流行した「山スカート」

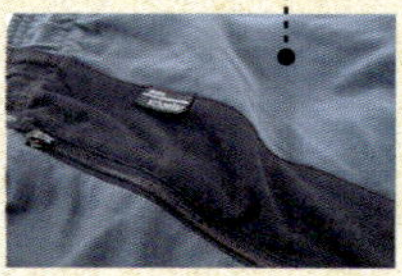

2000年に買ったモンチュラのパンツ。複雑な縫製技術と高機能素材が生み出す快適さは、体育ジャージとは別次元の世界だった

2010年代

ストレッチ素材高機能パンツ

伸縮性の高い生地を使い、立体的な裁断を施して作られた高機能パンツは、登山用パンツのひとつの到達点といえるかもしれない。一見、普通のスラックスのようでありながら、動きやすさを犠牲にすることなく、足さばきが楽な細身のデザインでまとめられており、縦走からクライミングに至るまで万能の働きを約束する。大キレットにて。

2000年代

機能性タイツ

登山者の間ですっかりポピュラーになった高機能タイツだが、1990年代後半にスキーの選手たちがはいているのを見て以来、私もずっと愛用している。「山スカート」がブームとなった背景にこのタイツの存在は欠かせまい。ここ一番の急登が待っている初日の登りや、最終日の一気の下山には頼もしい存在だ。写真は槍沢の登りにて。

1990年代

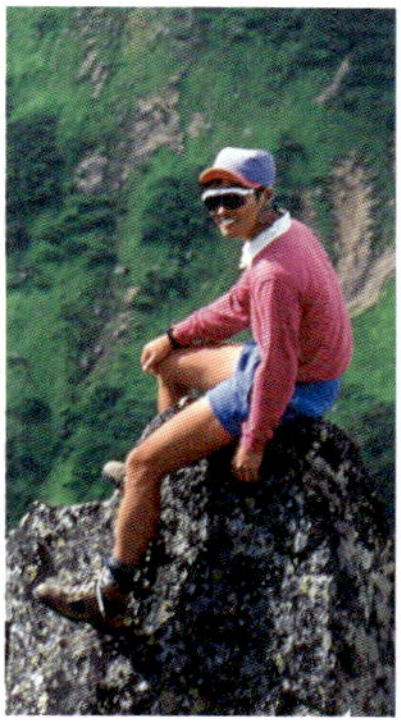

ショートパンツ

夏のアルプスでショートパンツが流行った時代があった。登山雑誌の表紙で、女性の肌の露出度が最も高かったのもこの時代。ただ、P70のコラムでも紹介しているように、保温や保護という観点を無視して歩きやすさだけの機能を極めると、ここに行き着くのかもしれない。早月尾根から入山し、読売新道を登り、水晶岳に着いたときのカット。

の授業的なデザインに抵抗感を覚えていたのも事実である。

1990年代になるとショートパンツやスポーツタイツの軽快性に目が向けられた。登山をスポーツとして考えた場合、これもアリなのかなと思いつつ、ちょっとやりすぎ?な不安も感じていた。

そして2000年、シャモニの登山用具店で手にした一本のパンツにちょっとした衝撃を受けた。3万円近い高価格もそうだが、機能面、素材面でのこだわりが半端なくすごい。20年前に考えていた「登山用ジャージの究極系」をそこに見た私は、以後、各メーカーが展開する高機能パンツに注目している。山によってタイツもショートパンツもはくけれど、ベーシックな登山用パンツは結局、ここに落ち着くのかもしれない。

肌に直接着る装備の選択は慎重に

「登山用のウェアはレイヤリングが大切」と前ページで解説したが、そのなかでも、肌に直接着けるものは慎重に選びたい。

重要なのがアンダーウェア（ベースウェア）だ。普段の生活で使い慣れている綿製品は、肌触りはいいものの、濡れると乾きにくく、寒冷地では体温の低下を招く恐れがある。そしてなにより、汗で湿った状態がいつまでも続く不快感は避けたい。

そこで、山では吸湿性と速乾性を兼ね備えた化学繊維かウールを使ったものを選ぶといい。近年は汗冷えを防ぐ高機能商品が出ており、一度使ってみると、その快適さに手放せなくなる。

ソックスの選択にも注意しよう。アンダーウェアと同様、綿製品は汗を吸ったまま水分

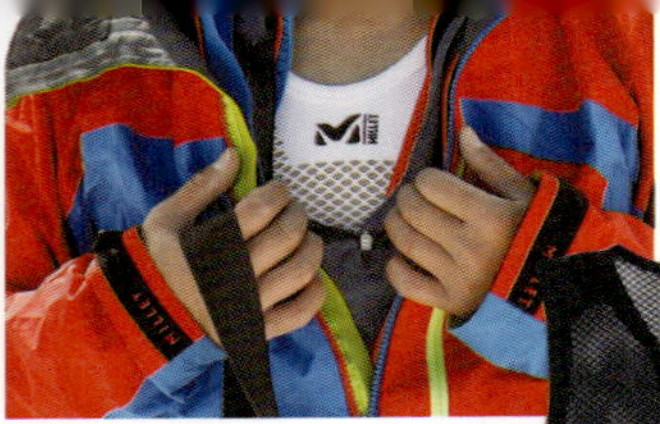

ドライナミック メッシュ NSクルー
（ミレー）

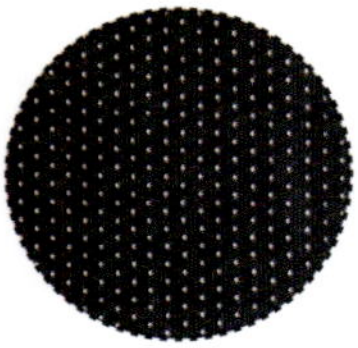

スキンメッシュ®T
（ファイントラック）

アンダーウェア

いわゆる「下着」だが、肌に直接触れるものなので、汗を吸い上げて外へと拡散し、肌をドライに保つ機能をもったウェアを選ぶといい。右は強力な耐久撥水加工が施されてほとんど水分を含まない生地を使った製品（ドライレイヤー®）。濡れたウェアが肌にまとわりつかず、常にサラリとした状態が保てて快適な着心地だ。この上に吸汗性の高いベースレイヤーを重ねれば、不快な汗冷えを軽減することができる。左は昔からある網シャツの現在形ともいえる商品。水分を含まないポリプロピレンをメインにした素材を使い、厚みのあるメッシュ構造で汗を吸い上げつつ、濡れたウェアの肌への張り付きを防ぐ。そしてメッシュならではの通気性の高さが、肌を常にドライな状態に保ってくれるのだ。

ソックス

質のいいウール製品がおすすめ。登山用には、つま先やカカトが補強されているものが多く、ソフトな履き心地で耐久性にも優れている。厚さにはさまざまな種類があるので、自分の靴に合ったものを選ぶといい。ちなみに左は、私が冬山用登山靴に使用している厚手のタイプで、右はトレッキングシューズ用の中厚タイプ。トレラン用にはさらに薄いタイプのウールのソックスを使用している。

サングラスや手袋、帽子類は、素早く出せるところに収納しておくこと

手袋と帽子

帽子は日差しを防ぐためのものと、保温用とを用意しておくと安心だ。3000m級の山では、真夏でも保温用の帽子や手袋が欲しくなることがある。9月に入ると山では氷が張る場合もあり、頭部と耳と指先の保温のためには、しっかりした保温素材のものを忘れないように。

サングラス

高い山では日差しから目を守るためにサングラスをかけるといい。選ぶ条件は、紫外線カット機能がついているもの。なお、普段から眼鏡を常用している人は、眼鏡専門店で度付きのサングラスを作ってもらうか、インナーフレーム付きのサングラス（写真中央）を選ぶようにしよう。

を排出することができないので、避けるのが基本。ウール製品を中心に、必ず自分の足にピッタリ合ったサイズを選ぶといい。靴下のシワは靴ずれの原因になるので注意すること。

　意外に軽視されがちなのが帽子と手袋だ。帽子は、日差しから頭部を守るツバ付きのものと、寒さから頭部と耳を守る保温力のあるタイプの2種類を用意したい。同様に手袋も、手の保護と寒さ対策のために、必ず持っていくようにしよう。

　サングラスも重要な装備。選ぶときに注意したいのは、レンズに紫外線カット機能がついているか否か、という点だ。レンズの色が濃ければいいということではないので、眼鏡専門店でプロの意見を参考に選ぶようにしよう。

ストック（トレッキングポール）

ストックを使いこなそう

2本のストックを使って軽快に歩くヨーロッパのハイカーたち（イタリア・ベルトーネ小屋付近にて。背景はモンブラン）

世界屈指の山岳耐久レース、イタリアの「トル・デ・ジアン」でも多くの選手が2本のポールを使っていた

日本でストックが本格的に使われだしたのは2000年前後のことだった。写真は2002年にドイツのポール専門メーカー、レキ社の社長が来日したときのカット。山岳雑誌の編集長や登山用具専門店の店長らを相手に、正しいストックの使用法について解説して普及活動に努めていた

登山のためにストックが使われたことで有名な話に、1953年のナンガ・パルバット（8126m）初登頂がある。未明の2時半に第5キャンプを出発したヘルマン・ブールは、標高差1220mを単独で登り続けて16時間半後に登頂し、40時間後にキャンプに戻った。このとき彼はピッケルを頂上に残し、2本のスキーポールだけで下山している。ストックは当時から登山の補助用具として積極的に利用されていたのだ。

日本でストックの使用が認知されだしたのは1990年代のこと。当初は懐疑的な声も多く聞かれたが、今では効能への理解が進み、老若男女問わず使う人が増えている。2本の足だけで歩くよりも、安定感がはるかに増すことがわかってきたからだろう。

ストックの長さの調整例。ヒジが直角に曲がるくらいの長さに調節するといい

ストックには大きく分けて、折りたたみ式（左）と伸縮式（中・右）がある。コンパクトになる折りたたみ式か、強度と安定性に信頼のある伸縮式か、目的に応じて使い分けよう

Column

ロンググリップの作り方

① バーテープをグリップ側から巻いていく

② 重なり部分がなるべく小さくなるように

③ 末端はビニールテープなどで留める

④ 完成

急な登りでストックの長さを持て余すときは、いちいち長さを調整しなくても、グリップの下の部分を握ったほうが素早く対応できて効果的だ。あらかじめグリップの下の部分が持てるようになっているロンググリップ仕様も増えてきたが、なければ自分で作ってしまおう。

用意するのは、自転車用のバーテープか、テニスのグリップテープ。クッション性を優先するならバーテープのほうがいい。作り方はいたって簡単、ただ、きれいに巻くだけ。これによって、持ったときの冷たさや、汗をかいたときの滑りやすさが消え、気持ちよく握れるようになる。重さもほんの数グラム増えるだけなので、全体のバランスを崩す心配もなく、快適に使えるようになるはずだ。

応急手当に必要な用具たち

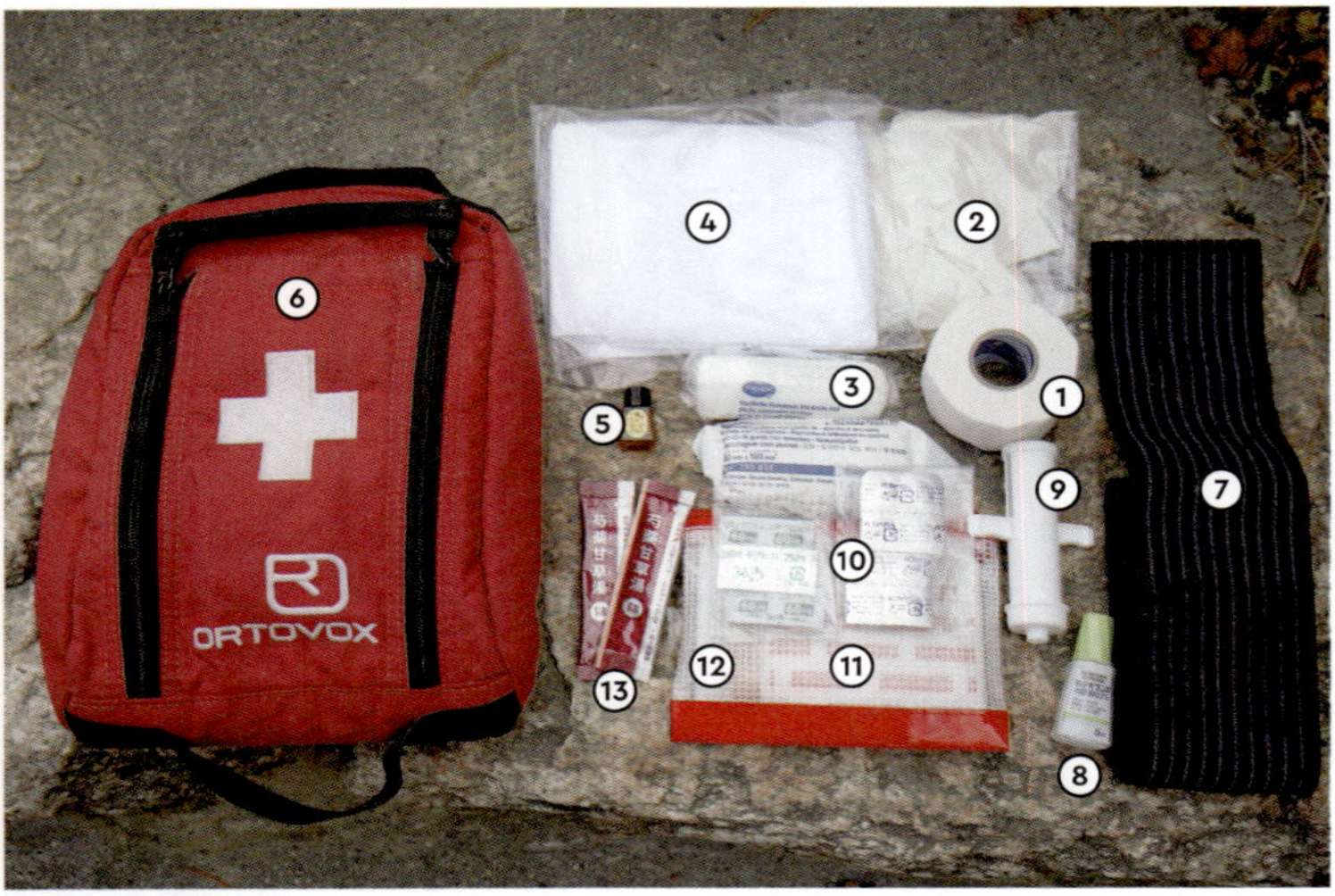

- ① テーピングテープ（幅37mm）
- ② ラテックス手袋（感染予防）
- ③ 包帯（伸縮性のあるものを数種類）
- ④ 三角巾（滅菌済みで未開封のもの）
- ⑤ 気つけ薬（動悸、息切れ対策）
- ⑥ ファーストエイドキット・ケース（開閉しやすいダブルファスナー仕様）
- ⑦ テーピングサポーター（ヒザ痛時のサポーターとして）
- ⑧ 目薬（炎症、乾燥、かゆみ解消用）
- ⑨ ポイズンリムーバー（虫刺され時の毒吸い出し器）
- ⑩ 医薬品（頭痛薬、胃腸薬、鎮痛剤ほか）
- ⑪ 絆創膏（各種サイズ）
- ⑫ 滅菌ガーゼ（複数枚）
- ⑬ 芍薬甘草湯（足の痙攣対策）

＊このほか、ハサミやピンセットなどを中に入れておくと便利

山行中のケガや病気の際に必要となるのがファーストエイドキットだ。必要最低限の手当ができるだけの装備を常に用意しておきたい。基本的に、切り傷や捻挫といったケガや、頭痛や腹痛などの体調不良に対する薬品類などを、コンパクトにまとめて持ち歩くようにしよう。

そして、持ち歩くためには専用のケースに収めておくと便利だ。緊急時に使うものなので、誰が見てもファーストエイドキットであることがわかるように、目立つ専用のケースを用意しよう。

持っていく中身は山行形態や日数によって変わるが、大切なのは適切な手当てがすぐにできるということ。あらかじめ日本赤十字社の講習を受けるなど、基本的な知識は身につけておくといい。

使用頻度の高いものを使いこなそう

ヒザ痛対策

急なヒザ痛に見舞われたとき、痛みをやわらげるにはテーピングやサポーターの使用が考えられるが、いずれも装着には手間がかかる。着衣のままで手軽にテーピング効果を得られるサポーターを使うのも一案だ。両端に面ファスナーが配されているので、巻きながらサポート力も位置も簡単に調整することができる。

足の痙攣対策

足の痙攣に有効なのが漢方薬の「芍薬甘草湯」だ。顆粒で飲みやすく、即効性があるので、使用上の注意をよく読んだ上で服用したい。また昔から、梅干しが足のつりに効くことが知られている。梅干しの塩分がいいらしく、お湯に崩し入れて水分とともに採ればより効果的だ。

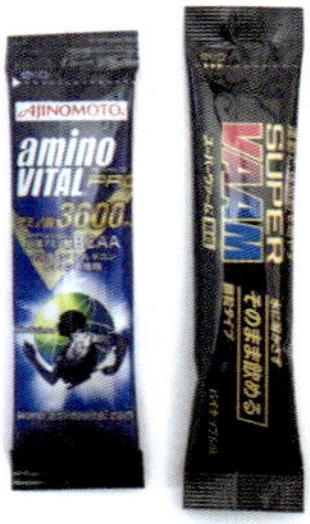

持久力向上

アミノ酸を含むサプリメント類は、長時間の運動となる登山を効果的にサポートしてくれる。急登に備える入山前、しっかり下るための下山前、そして疲れを翌日に残さないための下山後などと、状況に応じて活用してみるといい。

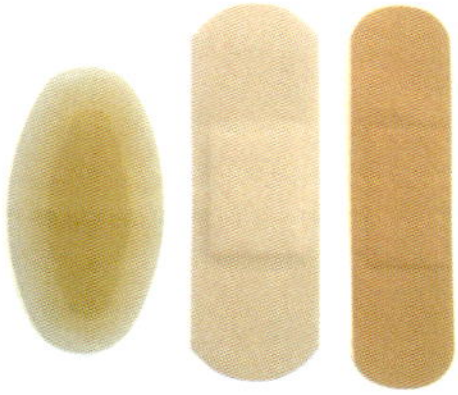

切り傷・すり傷

救急絆創膏の出番は多い。切り傷、すり傷はもちろんだが、ささくれや爪が割れたときのカバーなどにもすぐ使えるように、サイズを各種取りそろえておきたい。なお、傷を負った際には水で傷口を洗うことが大切。行動中の飲料はジュースやスポーツ飲料だけでなく、水も必ず携行するようにしよう。

靴ずれ対策

登山靴が足に合わないと、カカトや親指、小指の付け根などに靴ずれができてしまうことがある。小型の絆創膏ではカバーしきれないことがあるので、大型で丈夫なタイプを用意しておこう。非常時にはガムテープを貼るという手もある。強い粘着力と表面の滑らかな摩擦が、患部の痛みをやわらげてくれる。

行動中の水分補給

必要な水分の量を知って用意しよう

感覚的に体が欲しがる量ではなく、体が必要とする量を計算して飲むようにしよう

金属製ボトル

アルミ、またはステンレス製の水筒は頑丈で、カラフルな塗装が施されているなど、所有欲をくすぐる存在といえる。手にしたときのしっかり感、ほどよい広さの飲み口と、重さを差し引いても持つ魅力を感じさせてくれるものだ。

ペットボトル

どこでも(中身入りで)手に入り、軽く、小さくつぶすこともできて、持ち歩けるのが利点のペットボトル。私も登山口のコンビニで水とお茶とスポーツドリンクを買い込んで登ることがよくある。真夏の暑い日には凍らせて保冷材代わりに使いながら、冷たい水を楽しむことも。

プラスチック製ボトル

広口のプラスチック製ボトルは、現在、最もポピュラーな水筒として多くの人に使われている。利点は軽量であることと密封性の高さ、そして広口のため水が注ぎやすく、味が変わらないという点だ。温度変化にも強いので、冬山ではお湯を入れて行火代わりに使うこともできる。

山行中の水分補給は重要なテーマである。行動中にしっかり水分が補給できていないと、熱中症や高山病など、さまざまな体調不良へとつながってしまうからだ。

では、行動中にどの程度の水分を摂ればいいのか。その適正量は長い間、あいまいになっていた。よく「喉が渇いたと思ったときには遅い、もっと早めに水分を補給するように」などと指導されることがあったが、具体的に必要な水分量を示す基準は、以前はなかったような気がする。

そこで、運動生理学の権威である山本正嘉さんの著書『登山の運動生理学とトレーニング学』で紹介された「登山の行動中の脱水量」の公式を紹介したい。山本さんの研究によると、登山の行動中に失われる水分の量は、ある公

行動中に体から失われる水分量の方程式

$$行動中の脱水量(m\ell)=体重(Kg)\times 行動時間(h)\times 5$$

山本正嘉『登山の運動生理学とトレーニング学』(東京新聞)より

保温ボトル

温かい飲み物を飲むために、保温ボトルを持っていくこともおすすめしたい。最近の商品は昔に比べて格段に保温力が増したため、朝、お湯を入れておけば山頂でコンロを出すことなく手軽にカップ麺などを楽しめるようになった。夏は氷を入れて冷たい飲み物を飲むのもいい。

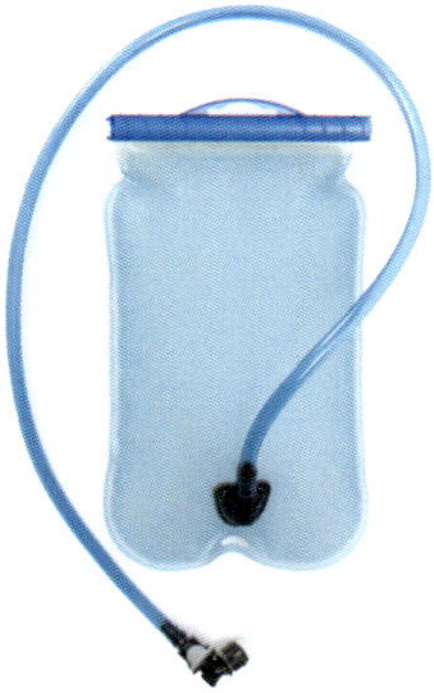

ハイドレーションシステム

プラスチックの軽量折りたたみパックに、吸引用チューブを取り付けたものがハイドレーションシステム。行動中、水筒を取り出すためにいちいちザックを開ける必要がないので、とても便利だ。ただし、残量を把握しづらいのと、洗浄が面倒という問題もある。

折りたたみ式水筒

プラティパスに代表される、折りたたむとフィルム状になる超軽量・コンパクトな水筒。テント山行のときなど、大容量のものを用意すると炊事が楽になる。形状が不安定なので持ちにくいのと、水場によっては注ぎにくいこともあるが、この軽さは正義だ。

式に当てはめれば簡単に導き出せるのだそうだ。その公式とは、体重×行動時間×5㎖。たとえば体重60kgの登山者が5時間のコースを歩くと仮定すると、60×5×5で、1500㎖。つまり1.5ℓの水分が体から失われる計算になる。逆にいえば、それだけ失われた水分量を補給しなければならない、ということになるわけだ。

　もう少し体重のある80kgの人ならば、同じコースを歩いたときに体から失われる水分量は2000㎖。これは、感覚的に見てもたしかに納得できる数値のように思われる。

　水分の摂取方法については、少しずつ失われていく分を少しずつ補給していくのが理想だ。休憩のたびに、小まめに水分補給をして、体調管理に役立ててほしい。

忘れては困るもの、あると便利な小物

ナイフ

多機能ナイフでいちばん利用率の高いのは小さなハサミだったりすることもあるのだが、各自、1本はナイフを持ち歩くようにしたい。調理にはブレードが長めで、ストッパーが付いているタイプが使いやすい。

ヘッドランプ

人は暗闇のなかで行動できない。アクシデントで下山が遅れたときのことなども考慮に入れて、すべての山行における必携装備と思っておこう。最初から夜間行動が予定されている場合には明るめのタイプ、それ以外は省電力タイプを用意するといい。必ず予備電池、もしくはスペアのヘッドランプを持つようにしよう。

予備バッテリー、充電コード

携帯電話の予備バッテリーは必ず持っていこう。緊急時の連絡の際に電池切れになってしまっては悲劇だ。特に低温下ではバッテリーの持ちが悪いので気をつけること。また、最近の山小屋では携帯電話の充電コーナーを設置しているところがあるので、充電のためのコードは忘れないようにしたい。

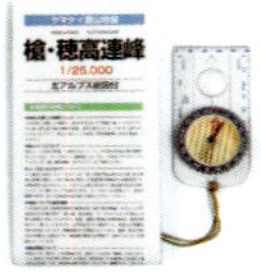

地図、コンパス

地図とコンパスを持つことは登山の基本中の基本だ。現在位置を把握し、その先の行動を読むためにも地図は欠かせない。スマートフォンの小さな画面では把握しづらい情報も、紙の地図ならしっかり読み取ることができる。読図方法とコンパスの使い方は事前に勉強しておくこと。

ティッシュ類

鼻をかむためのティッシュや、トイレを快適にする「おしりふき」、そして汗をかいた肌に爽快なウエットティッシュなどを用意しよう。ウエットティッシュ類は意外に重いのと、気圧の関係で高所では水分が漏れることがあるので保管に注意が必要だ。

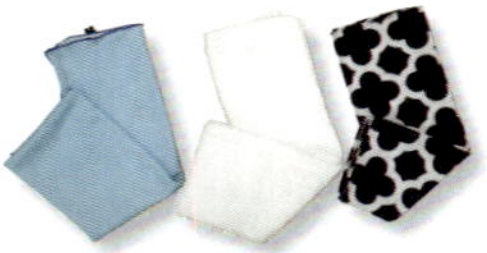

タオル、手ぬぐい

汗を拭く以外にも多彩な用途のあるタオルや手ぬぐい。携帯性や乾きやすさという点で手ぬぐい派も増えているが、肌触りや吸湿性ではタオルに軍配が上がる。また、髪の毛よりも細いナノ繊維を使ったタオルは、水に濡らして拭くだけで汚れを落とす機能と速乾性を備えており、とても便利だ。

サコッシュ

小物を中に入れて首から下げておくと、いちいちザックを開けずに済むので便利。とはいっても、あまり重いものは入れないように注意しよう。山行中に使う場合には、斜め掛けにして足元の視界をさまたげないようにするといい。山小屋の中でも活躍する。

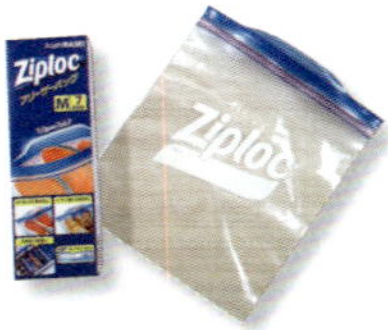

防水袋

濡れては困るものをパッキングするときに役立つのがファスナー付きポリ袋。サイズによっては衣類を入れたり、食料を小分けにして運んだり、あるいはゴミをまとめておくときなどにも有効に使える。防水のスタッフバッグも便利だが、生地の厚さによっては完全な防水効果が期待できないこともあるので気をつけよう。

Column

100円均一ショップで買える山の便利グッズ

スリッパ

タオル地の折りたたみスリッパ(40g)は素足に履いても快適。山小屋や行き帰りの車内でもリラックスできる

サンダル

超軽量サンダル(97g)が100円。移動の際や下山後の履き替え用として持っていっても苦にならない

日よけ用アームカバー

手の甲からヒジの上までカバーするポリエステル100%のソフト素材。30gと軽量で、半袖シャツの保温用としても有効に使える

面ファスナー付きゴムベルト

ものをまとめるときに、末端が面ファスナーになっているゴムベルトがあると便利だ。2本のストックを束ねるときにも使いやすい

スマホケース

ネオプレン製のスマホケースだが、ストックのバスケットが入るサイズを探せばカバーに使える。フックが付いていて脱落防止にも役立つ

スマホケース

スマートフォンをそのままパッキングすると、画面が簡単に傷ついてしまう。ネオプレンのケースは画面を保護し、出し入れもしやすくて便利

保冷バッグ

冷たい飲み物や生物を運ぶのに役立つ保冷バッグ。凍らせたエナジージェルを保冷材代わりに入れておくと効果的だ

ミニライト

小型のLEDライトが100円均一ショップには多種類、置かれている。室内の移動の際のサブライトとしてひとつ持っていると安心できる

山の昼ごはん

あったかランチをいただこう

山のランチに革命を起こしたステンレスボトル。保温力最重視、アンチスリップ機能など、商品開発の際には私も意見を述べさせていただいた

ガスコンロを使えば手軽にあったか山ごはんが食べられる

山の昼食は、お腹がすく前に少しずつ食べる「行動食」が基本とされているが、時間を取って、ランチをゆったり楽しみたいものだ。そんなとき、コンビニで買ってきたおにぎりやパンだけで済ませるのは寂しい。せめて温かいものをお腹に入れられるよう、努力してみたい。

登山者の間で最もポピュラーなのは、お湯を沸かしてカップ麺というコースだろう。山の上で食べるカップ麺は、疲れた体が塩分を欲しがっているせいなのか、なぜか下界の数倍、美味しく感じられる。

そのカップ麺の作り方に、最近は少し変化が見られるようになった。山頂でお湯を沸かす儀式を楽しむ人がいる一方で、「お湯は沸かすものではない。運ぶものだ」と考える人々の存在である。

最近の保温ボトルは実に優秀で、朝、入れたお湯が6時間後でも80℃をキープしてくれる。つまり保温ボトルをお湯で満たしておけば、頂上で誰よりも早くカップ麺が食べられるというわけだ（注・いきなり熱湯を入れてはダメ。必ず少量のお湯でボトルを温め、それを捨ててから満タンにすること）。

とはいっても、たまにはカップ麺以外のメニューも取り入れたくなるもの。小型のガスコンロとコッフェル、フライパンなどを持てば、誰でも手軽に温かい食事が楽しめる。参考までに左ページに代表的なレシピを紹介するので、参考にされてはいかがだろう。

簡単・おいしい

Column

コンビニチャーハン

コンビニのおにぎりのなかにチャーハンがある。それは単体でも十分に美味しいが、ひと手間かけるだけで見違える味になるので参考にしてほしい。

材料はこれだけ。自宅で用意していくか、コンビニでも買いそろえることが可能だ

① ベーコンを炒めてフライパンに油をなじませる

② チャーハンおにぎり（他の焼き飯類でも可）を投入

③ 刻みネギを加え、混ぜ合わせてしっかり炒める

④ 香り付けに醤油を適量、回しかける

⑤ ブラックペッパーを振りかけて完成

⑥ できたてのアツアツをどうぞ

行動食

軽くて食べやすく、すぐエネルギーに変わるもの

登山中のエネルギー補給には、行動食という考え方が一般的になっている。つまり、朝、出発してからランチタイムまでの間、何も口に入れていないと体力がもたないため、行動中に少しずつ食料を口にする必要があるからだ。

行動食は、いわゆる「おやつ」に相当する軽いものから、ランチと同レベルのものまで、さまざまな種類のなかから選ぶことができる。

ポイントは、調理の手間をかけずにすぐ食べられるもので、即効性のある炭水化物を中心に選ぶといい。上に挙げた食料は、普段、私が山に持っていくものを中心に並べてみた。ボリュームや食べやすさなどから先発・中継ぎ・抑えと分類したが、個人の好みに合わせて好きなものを用意すればいいだろう。

行動食は軽いナイロン素材の袋にまとめて入れている。メッシュの袋をその中に入れておくと、取り出したときに中身がすぐにわかって便利だ。また、必ずゴミが出るので、それを入れるファスナー付きポリ袋をメッシュポケットに入れて持ち歩いている。サプリメントの細かい粉末や、ベタベタしたおにぎりのフィルムなどもこの中にしまっておくといい。

先発要員（腹持ちのいい主食系）

パン系

食べやすく、お腹にたまる実感を得られる意味では、おにぎりと双璧をなす。ちょっと重いが、蒸しパン（117g/347Kcal）、あんぱん（115g/250Kcal）の実力も侮りがたい。

おにぎり系

腹持ちのよさで主食扱いとなるのは、やはりおにぎりだろう。梅や昆布がポピュラーだが、もち米を使ったおこわ類や赤飯なども食べ応えがあって満足感を得られる。

ビスケット系

ソフトクッキーも頼れる先発要員といえる。パサパサしない生地なので、食後の喉の渇きも抑えられる。クリームサンドのビスケット類も、爆食いすれば腹に絶大な力を感じられる。

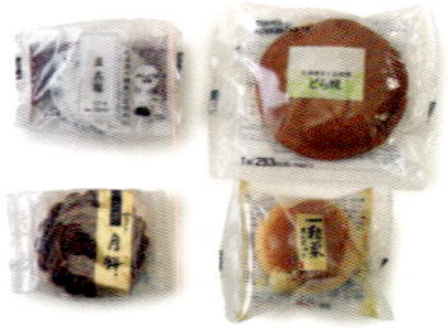

和菓子系

信頼のおける先発要員として、どらやき（99g/253Kcal）がある。ケーキ生地と餡のコンビネーションが絶妙の実力派だ。大福や月餅も先発ローテーションの一角をまかせられる存在。

抑え（ここ一番での活躍に）

ゼリー飲料

疲れて固形物が喉を通りにくいときにはゼリー飲料が効果的。重いので持ちすぎには注意が必要だが、フタがしっかり閉まるので、少しずつ補給できるのもいい。

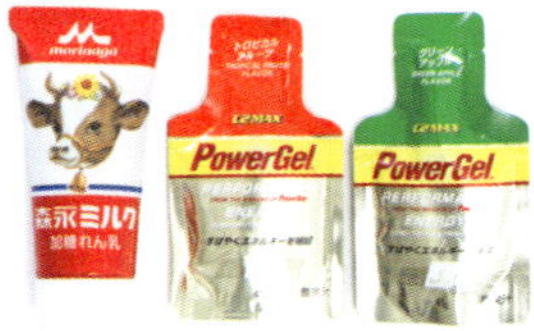

非常食系

疲れたときの最後のパワーチャージに、お守り代わりのジェルや加糖れん乳を用意しておくといい。ちなみに私の場合は加糖れん乳が絶対的なリリーフエースだ。

高所の影響で体が固形物を受け付けなくなり、3日間、ゼリー飲料だけで生活した後輩がいる。極限の地では、食べやすさは最も重要なファクターだ。

中継ぎ（味の変化を楽しむ）

煎餅系

行動食というと、どうしても甘いものが中心になりがちなので、塩分を含んだ煎餅系も交ぜて用意するといい。濡れせんべいや揚げ煎餅系は疲れた体に効果的だ。

ナッツ系

ナッツ類はほどよい塩分と高カロリーが手軽に得られるので、各種を取り混ぜて少しずつ食べるようにしたい。ファスナー付きポリ袋か、プラスチック製ボトルに入れて運ぶといいだろう。

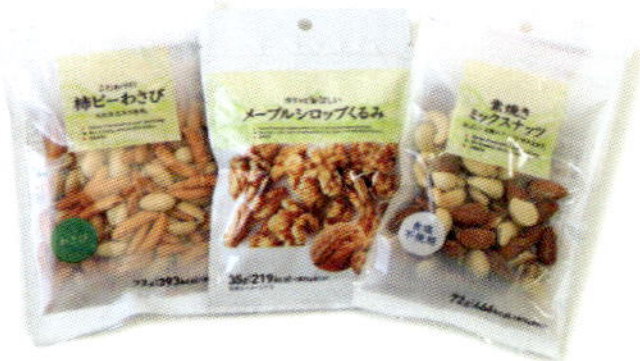

エナジーバー

行動食というとチョコレートを思い起こすだろうが、ナッツやシリアルをチョコで固めたエナジーバーが個別包装で食べやすく、力になる。好みで各種、選んでみよう。

ドライフルーツ

味の変化という意味ではドライフルーツも魅力的だ。マンゴーやアプリコットといった酸味の効いた南国系フルーツのほか、日本の干し柿も疲れた体にやさしい。

ナッツや煎餅など、潰れて困るものを運ぶには広口のプラスチックボトルが便利だ。食べるときも手を汚すことなく、ボトルから直接、口に運ぶことができる。

これだけは持っていきたい三種の修理具

結束バンド

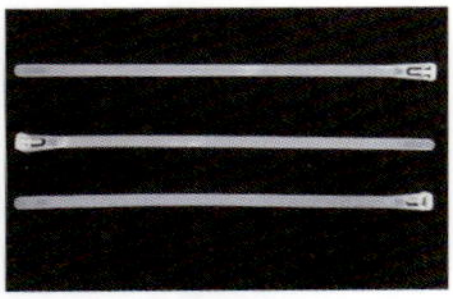

確実な固定を望むなら細引きよりも結束バンドの出番だ

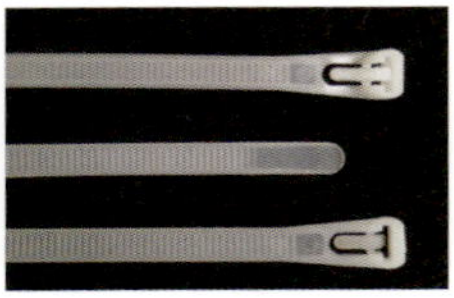

繰り返し使えるタイプは応用が利いて使いやすい

靴底のはがれ

長めの結束バンドを3本用意しよう。ソールの部分に1本を敷き、末端側と留め具側にそれぞれバンドをつなげて輪を作り、靴の甲の部分を締めつける。締め具合をチェックして、長さをそろえれば完成。踏みつけにも強く、緩むことのない固定感が得られる。

バックルの故障

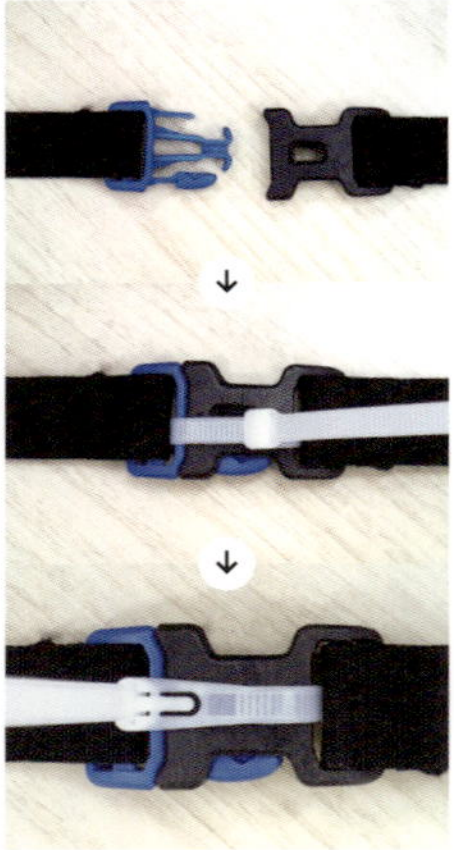

ウエストベルトのバックルが破損したら繰り返し使える結束バンドを使って固定しよう。外したいときはレバーを引けば簡単に解放するので、それほど不便を感じない。

ガムテープ

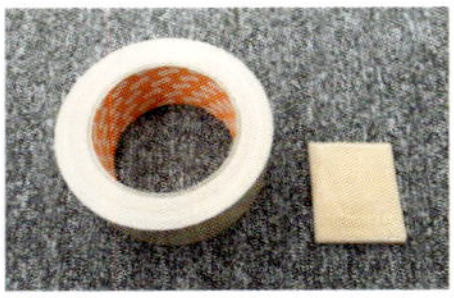

ロールのままではなく、適量を切って折りたたんで持っていけば、かさばらない

ウェアのカギ裂き

裂けた場所を確認し、周囲の汚れを拭き取る

ガムテープを適当な長さに切って、角を面取りする

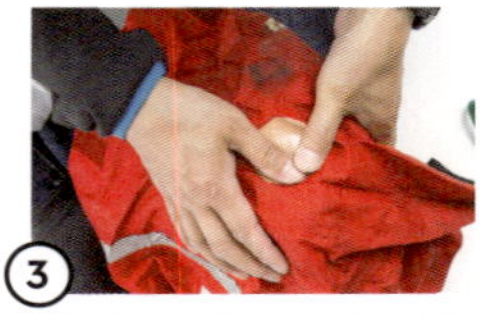

補修箇所に当てたら上から強く圧着させる

裏面にも同様の補修をしておけば強度が増す

雨具やテントのフライシートが破れてしまった場合、リペアテープの代わりに粘着力の高いガムテープを使って補修するといい。

細引き

細引きの用途は多彩だ。バックパックが壊れたときの簡易補修や、靴底のはがれの仮固定、ビバーク時のツェルトの設営補助など。細引きの太さと長さについては、補修用として3mm×5m前後を用意しておくといいだろう。なお、ロープを輪にして小型カラビナ（アクセサリー用でも可）を付けたものを持っていると、使い方次第でなにかと役に立つ。

装備チェック表

○…必携
△…あると便利だがなくてもいいもの
＊…場合によっては必要なもの

個人装備

品名	日帰り	山小屋泊
ウェア		
長袖シャツ（半袖シャツ+アームカバー）	○	○
パンツ	○	○
機能性タイツ	△	△
ショートパンツ	△	△
アンダーウェア上下	○	○
防寒着（フリース、ダウンなど）	○	○
雨具（レインウェア上下）	○	○
ウインドブレーカー	△	△
帽子（日よけ用・防寒用）	○	○
手袋（保護用・防寒用）	△	△
靴下、替え靴下	○	○
着替え	△	△
歩行・行動用具		
登山靴	○	○
スパッツ（ゲイター）	△	△
ストック（トレッキングポール）	△	△
アイゼン	＊	＊
バックパック	○	○
サブザック		△
バックパックカバー	○	○
スタッフバッグ	○	○
ビニール袋（ポリ袋）	○	○
折りたたみ傘	△	△
水筒	○	○
保温ポット	△	△
ヘッドランプ	○	○
予備電池（予備ランプ）	○	○
ナイフ	○	○
コンパス、地図	○	○

品名	日帰り	山小屋泊
GPS受信機	△	△
サングラス	△	△
ヘルメット	＊	＊
カメラ、付属品	△	△
時計	○	○
手帳（記録用紙）、筆記用具	○	○
コース資料	△	△
ホイッスル	○	○
熊鈴、熊よけスプレー	＊	＊
生活用具		
貴重品入れ（現金、鍵など）	○	○
ティッシュペーパー	○	○
ウエットティッシュ	△	△
タオル（手ぬぐい）	○	○
洗面用具		○
裁縫・修理用具	△	△
日焼け止め、リップクリーム	○	○
防虫薬	＊	＊
携帯トイレ	＊	＊
緊急対策用具		
ツェルト	○	○
レスキューシート	△	△
ライター（マッチ）	○	○
ファーストエイドキット	○	○
テーピングテープ	○	○
常備薬	○	○
非常食	○	○
身分証明書（健康保険証）	○	○
計画書の控え	○	○
携帯電話、予備バッテリー	○	○

共同装備

品名	日帰り	山小屋泊
ストーブ、燃料	△	△
クッカー	△	△

Column

富士登山競走で究極の軽量装備を試してみた

登山者にとって、荷物の軽量化は永遠のテーマといえるだろう。ザックは軽いほうが楽に決まっている。かつて「重荷が強い登山者を育てる」と鍛えられていた大学山岳部出身の私も今は、軽さに正義を見いだす大人になった。最近はウルトラライトな装備で山を駆けたりすることもある。しかし「軽量装備での登山」という点においては富士登山競走にかなう経験はない。そして今後もこれを超えることはないだろう。

富士登山競走とは、富士吉田市役所をスタートして富士山頂をゴールとする山岳レースである。全長21km、標高差約3000mをひたすら登るだけの、まことにわかりやすい大会だ。

1990年夏。当時『山と渓谷』編集部員だった私は、個人的にこの大会にエントリーしていた。ところが話を聞きつけた先輩に、「いいね。それ、記事にしよう。2ページまかせた」とおだてられ、急きょ取材を兼ねることになってしまった。

月末の多忙な時期であったため、夜中に現地に入った私は富士吉田市役所の廊下の片隅で2時間ほど仮眠をとってレースに臨んだ。

このときの装備だが、足元はレース用のランニングシューズ（片足185g）。登りだけなので、クッション性よりも軽さを重視しての選択だった。下はインナーショーツ付きのランニングパンツ（66g）で、ポケットには千円札が1枚。水分補給は山小屋頼みの作戦である。

上は天候悪化の心配がないと判断してタンクトップ1枚（63g）だけ。そして取材撮影用に「写ルンです」（93g）を手に持った。靴下を入れても総重量は1kg未満。登山靴1足よりも軽い、究極の軽量装備である。

ゴール後の私。なぜかまだ余裕

よく見たら皆、同じような格好だ

優勝した芹澤雄二選手

＊このときの記録2時間36分23秒は、以後21年間にわたって破られることがなかった

先頭から後続集団を撮影する

スタートシーンを撮りたかった私は、号砲とともに全力疾走で先頭に立った。そして見通しのいい直線道路で、やおら振り向いてパチリ。次に優勝候補の芹澤雄二選手を探して併走しながら一枚。あとは分相応にマイペースで走る。

六合目あたりで両足がケイレンを起こしてピンチを迎えたが、ストレッチでごまかし、ペースを落として写真を撮りながら登り続ける。そしてなんとか3時間後半のタイムでゴールすることができた。

走ってみて気づいたのは、動いている間は寒さはほとんど感じないということ。そしてすぐに下れば高山病の影響も少なくて済むということ。スピードに特化した目的のためには、究極の軽量装備も合理的といえるのかもしれない。

Chapter 3

第3章

歩行技術

どんなに優れた登山用具で
身を固めたとしても、
実際に「歩く」ことがしっかり
できなければ、危険に身を
さらすことになってしまう。
危険箇所の通過方法を学び、
安全で疲れにくい歩き方を
身につけよう。

歩き方の基本

山道は歩幅を小さく。靴底をフラットに置き、無理なく話ができるスピードで

山登りとは、つまるところ「坂道を登って坂道を下る」ただそれだけの行為である。街での歩行と違うのは、傾斜があり不安定な足場の道を長時間、続けて歩くという点だ。

傾斜のある道を滑らずに安定して歩くにはどうしたらいいか。それは靴底全体を斜面にフラットに置くことだ。靴底の摩擦を地面に無駄なく伝えることが重要で、つま先やカカトだけの接地は最小限にとどめたい。

では足裏を地面にフラットに置くためにはどうすればいいか。それは歩幅を小さくすることだ。歩くときの歩幅は傾斜によって変わってくるが、前足と後ろ足の間隔は靴2足分以内を目安にしよう。それ以上の大股で歩くと、踏み出した足がカカト着地になり、体重移動のときに後ろ足のつ

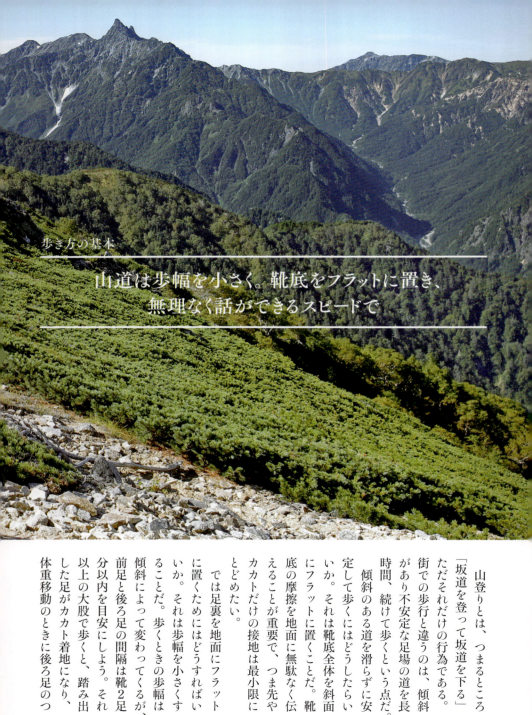

小さな歩幅で、足裏全体で地面を踏みしめる感じで歩くといい

つま先立ちになると地面と靴との接点が小さくなり不安定になる

ま先で地面を蹴ることになって不安定だ。

体重移動をスムーズに行なうためにも、また、目標の場所に足をしっかり置くためにも、普段より歩幅を小さくして足裏で確実に地面をとらえること。これが山道の歩き方のすべての基本である。

次に、目的地までしっかり歩くために重要なポイントがペース配分だ。初心者のうちはスタートでがんばりすぎて後半、バテることが多いが、これは歩行速度を一定に保つことで避けられる。ペースが速すぎるかどうかの判断は、「歩きながら普通に話ができるかどうか」。息が上がることなく、話をしながら歩けるスピードこそ、体に負担の少ないペースだということを知っておこう。

山道の登り方

歩幅を小さく保つためにステップはできるだけ小さく刻む

足を高く上げて一歩で登るよりも、小さなステップ3歩で登ったほうが負担が少ない

ヒザより高い場所にステップを求めると、立ち込む際に大きな負担が太ももにかかる

「歩幅を小さく」といっても、階段のように決まったステップがあるわけでない山道では次の足をどこに置くかを自分で決めなければならない。そこで注意したいのは、大股にならないことと併せて、足を高く上げすぎないことだ。具体的には、ヒザより高い足場が目の前に出てきたら、小さく2歩、3歩と刻んで足を上げるように努力すること。ヒザより高い位置に体を引き上げることは太ももへの負担が大きく、疲れやすくなる。

たとえ正面に安定した足場があったとしても、それがヒザより高い位置なら、迷わず別の場所にある低めの足場を探して登るようにしよう。迂回することになってもかまわない。歩数が増えても、そのほうがはるかに体への負担が少ないことに気づくはずだ。

Column

登山道の目印、ペンキ色4山4様

白　穂高連峰大キレットの白ペンキ印。霧のなかでもよく目立つ

赤　常念岳の赤ペンキ印。目立つ位置にしっかり記されていた

青　四国・東赤石山周辺の青ペンキ印。左の白丸も目印に見えるが地衣類の模様だ

黄　くじゅう連山の黄色ベタ丸のペンキ印。ペンキ密度も異常に高い

登山道には、そこが道であることを示す目印がつけられていることがある。それは道標であったり、木にくくり付けられたテープや布であったりとさまざまだが、岩が露出した稜線で見かけるおなじみのものがペンキの目印だ。

よく見るのは岩に丸を書いたものだが、山域によって色に違いがあるのが興味深い。

比較的多く目にするのが赤丸のペンキ印だ。すぐ思いつくだけでも常念岳、仙丈ヶ岳、鳳凰三山、戸隠山、越後駒ヶ岳などがあり、全国にわたって赤ペンキ派は多い。

一方、穂高連峰の稜線では白いペンキが使われている。穂高岳山荘の宮田八郎さんによると「穂高の岩には白が一番。特に霧のなかで、不思議と目立つのは赤でも黄色でもなく、絶対に白なんです」とのこと。たしかに霧の深い日に大キレットを歩いていて「ああ、なるほど！」と納得させられたことがあった。

また黄色も、茶臼岳や蓼科山など、昔からよく使われている色だが、同じ黄色でも、くじゅう連山のものは丸の中が黄色く塗りつぶされていて目立っている。

最もユニークなのが、四国の東赤石山で見かけた青いペンキ印だ。この山は「赤石」の名の由来どおり、山頂付近にカンラン石の赤岩が露出している。そのため、赤以外の色の選択なのだろうが、もうひとつ別の理由があると推測される。この山では岩に付着した地衣類が、まるで白ペンキの丸印のように主張しており、白だと非常にまぎらわしいのだ。

目線に着目! 登りよりも下りが危険な理由を知っておこう

目線を比べてみると…

登りでは上げる足が目に近づいてくるが、下りでは伸ばした足のその先をめざして足を下ろす

登山道での転倒事故は、その多くが下山中に起きる。登り坂で転ぶ人はほとんどいない。それはなぜだろう?

理由のひとつは目線にある。斜面の登りでは上げるほうの足が顔に近づいてくるが、下りは足を伸ばしたその先遠くの着地点をめざして足を下ろす。近くの見やすい足場に踏み込んでいくのと、遠くの見づらい足場に踏み下ろすのとでは、安定した足場の確保という点で後者が不利なのは言うまでもない。そのため、後ろ足に荷重が残ったまま恐る恐る足を出す、いわゆる「へっぴり腰」となって体重移動がスムーズに行なえなくなるのも、初心者にありがちな下りの歩き方だ。

もうひとつ、下りが危険な理由はその時間帯だ。事故が多発する「14時前後」という時間帯は一日の行動の後半にあたり、疲れが見え始める下山のタイミングと合致する。この時間帯の行動には、登頂後の気の緩みや、昼食後の満腹感など、足元がおろそかになる要素は多い。

下山時の転倒は、軽い尻もち程度で済めばいいが、斜面下方に転んでしまうケースは本当に危ない。登りなら前に倒れても大事に至ることは少ないが、下りで前のめりになった場合、勢いがついてそのまま斜面を転がり落ちる危険性がある。

斜面に向き合う登りと、斜面に背中を向ける下りとの違いを意識して慎重に歩くこと。これが下山の鉄則でもある。

① 一度、しゃがむ

急な段差では、そのままいきなり足を下ろすのではなく、その場にしゃがみ込んで足場を確認しながら足を伸ばしていくといい

② ストックを使う

無造作に足を下ろすよりも、2本のストックに荷重を分散させてバランスをとると、はるかに楽で安定し、ヒザへの負担も軽減できる

③ 後ろ向きに下る

登りで手を使うような急斜面では、斜面を向いてクライムダウンしたほうが安全なこともある

④ 横向きに下る

ヒザに痛みを感じるような場合には、短い区間なら横向きになって下ったほうがヒザを曲げる角度が小さくなって痛みを軽減できる

ストックの使い方

ストックの長さと握る位置は、斜面と目的に応じて変える

ストックの長さの調節はとても重要だ。自分に合った長さを覚えておき、その都度、細かく調整するようにしよう

ストックを持つ基本的なポジションは「ヒジが直角になる」こと。この角度がいちばん力を下に伝えやすいからだ。この姿勢を保つために、傾斜によって長さを調整し、あるいは握る場所を変えて持つようにするといい

長さを調整するためには、必ずしもグリップ部分を持つ必要はない。地面との距離に合わせて、ときにはグリップの下を持ってもいい

私がストック（最近は「トレッキングポール」と呼ぶことが多いが、本稿ではストックで統一する）の使い方を学んだのは1999年のことだった。場所はオーストリアで、最高峰のグロースグロックナーを登りに行ったときに立ち寄った登山学校の先生に教えていただいた。当時の日本ではまだ「ストック＝年寄りが使う杖」といったイメージが強かったような気がするが、こちらでは年齢や登山経験にかかわらず、積極的に登るための補助としてのストック利用法を勧めていた。

　ここで学んだストックの使い方のポイントは以下のとおりである。まずは基本姿勢として、ストックは両脇を締め、グリップを握ったときにヒジが直角になる長さにして持つこと。そして登高の場合は、

ストックの先端には強度に優れたチップが使われていることが多い。これをしっかり突くことによって、濡れた岩に対しても驚くほどのグリップを得ることができる(ただし、写真のような先端形状のものに限る)。その安定感は、きちんと突いたときにはラバーキャップ使用時をはるかに上回る

雪渓の上ではラバーキャップは外して使うこと

石突きのラバーキャップについて

植生の保護や、土壌を傷めないためにも、日本の登山道では基本的にラバーキャップを使うようにしよう

ただし、雪の上や濡れた岩場では、ラバーキャップが滑ってバランスを崩す原因となることもあるので注意が必要だ

ストックの基本的な握り方

ストックの正しい持ち方は、ストラップの下から手を入れて、グリップから伸びるテープごと握り込む。
なお、頻繁に持ち替える場合は、いちいちストラップに手を通すことなく、存在を無視して使ってもよい

急な登りで下への推進力を強く得るためには、グリップのトップを握ることも有効だ。また、落差の大きな下りの段差などでもこのグリップは使いやすい

急な段差を登るときに、脇が開いてしまって力を入れにくいときには、グリップの下を握るといい

ストラップに手を通したノーマルな握り方。いちばん安定する持ち方だ

普段の歩行の手の振りに合わせて足元に突き、後方へ押し出すようにして推進力を得る。その際、胸を張って上体を起こし、ヒジをほぼ直角に保ったまま押し出すといい、とのことだった。

　また、下りでのストックの有効性についても詳しく教えてくださった。ヒザにかかる負担を軽減するのに、ストックは絶大な効果を生み出す。特に急な段差では両ストックを同時に突き、足への荷重を分散させ、バランスを保ちながら足を下ろすことが重要だと聞いた。

　現在、私はこのときの教えを基に、各種アレンジを加えて使っている。持ち方も長さもその都度変え、いちばんしっくりくる持ち方を常に考えながら使いこなすことが大切なのだと思う。

ストックを使った歩き方

登りは推進力、下りはバランス保持を特に意識しよう

肩に力を入れることなく、手の振りに合わせて自然にストックを突こう

右写真は、グリップをしっかり握ってストックの先が接地しないように手を振って歩いているところ。右手が前に出ているタイミングでストックを突けば、先端は左写真の位置に自然に収まる。この位置だとヒジがほぼ直角に曲がり、腕の力が推進力となっていることが実感できるだろう

ストック歩行の基本は、普通に歩くときの手の振りに合わせて、手が前に出きったタイミングで真下に突くことだ。グリップをしっかり握るのは接地しているときだけでいい。

もし、そのタイミングがわかりにくければ、ストックをしっかり握ったまま下に突かず、運動会の入場行進のときのように手を前後に振って歩いてみよう（危険なので後ろに人がいないかチェックすること）。そうすると、手がいちばん前に出た瞬間にストックを突かないのは、不自然でつらいことがわかるはずだ。そこで、そのタイミングでグリップを緩め、ストックの先端が自然に接地したときにグッと握り直す。そのまま後ろへ押し出すようにして推進力を感じられれば、ストックが有効に使えている証拠だ。

下りでのストックの使い方

↑下りは上体をリラックスさせ、長めに調整したストックをアンテナ代わりにしてバランスの補助に使うといい

←グリップのトップを握る使い方も効果的だ。ダブルで突いて、手すりの感覚でバランスをとろう

① ノーマルな持ち方

斜度が急になると、ストックの長さを短くしたつもりでも、突く場所によっては脇が空いてしまうことがある

② グリップの下を持つ

ノーマルなグリップだと脇が空いて力が入らない場合は、グリップの下を握り、ヒジの直角を維持する

③ グリップのトップを持つ

後ろ足の少し後ろにストックをダブルで突き、手のひらで押し出すようにする使い方も、力が入りやすく効果的

斜度に合わせてグリップの握り方を変えることも覚えておこう。傾斜が急になると、ノーマルな持ち方のままだと脇が空いてしまい、力が入りにくくなる。そうなったら、ストックの長さを短く調整するか、あるいはグリップの下を握って力を入れやすい長さにする。ときには2本同時に前に突き、それを手すり代わりにして体を引き付けるように使ってもいい。

さらに急な登り坂では、「体の中心よりも後ろに突く」という使い方があることも知っておきたい。ストックを短くしてグリップのトップ部分に手のひらを当て、後ろ足のカカトあたりに突いて押し出すようにする方法だ。ダブルで同時に突くとさらに効果的なので、リズムよく歩けるように試してみよう。

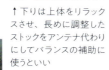

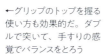

ガレ場の通過方法

足は斜面にやさしく押し付け、そっと上へ抜くように上げる

ここでもし落石を起こしたら、下にいる人の命は保証できない（大キレットにて）

大小の石が不安定に積み重なったガレ場では、転倒・転落・滑落とともに、落石の危険が大きい。落石は自分だけの問題ではない。もし、下に人がいた場合、たとえ石がピンポン玉ほどの大きさであったとしても、落下距離と当たりどころによっては大ケガもしくは死を免れない。ガレ場では転倒や転・滑落しないのはもちろんのこと、「石を絶対に落とさない」歩き方を身につけておくことが最も重要なのだ。

ガレ場の歩き方の基本は、普通の斜面の登り方と変わらない。つまり、小股でフラットフッティングを心がける、ということだ。そのなかで特に気をつけたいのは、「後ろ足のつま先で蹴らない」こと。ガレ場の登りでは、後ろの人に靴底を見せないよう、足をそのままそっと上へ引き抜くように上げる意識をもつといい。下りの場合は逆に、カカトを立てた接地にならないよう足をフラットに、やさしく置き、石を落とさない心遣いを。

明治から大正時代にかけて穂高の山案内人として活躍した上條嘉門次が、同行者に言い含めた有名な言葉がある。「山は猫のように歩け」

まだしっかりした道のない穂高の稜線を歩くためには、そんなイメージをもたせることが重要だったのだろう。同じく口癖だったという「決して石を落とすな」と併せて、ガレ場を歩くときの心得として意識されるといい。

後ろ足を蹴らないように歩くには歩幅を小さくすることが肝心。小さな歩幅で、後ろ足を上へ抜くようにして、地面への刺激を最小限にとどめよう

○

×

もし落石を起こしたら

とはいえ、どんなに慎重に歩いていても石を落としてしまうことがあるかもしれない。あるいは他人の落石を見かけることもあるだろう。そんなときは危険を周囲に知らせるために、大きな声で「ラク（落石の略）」と叫ぼう。恥ずかしがらずに、短く、大きな声を出すことだ。

ちなみに「ラク」を大声で叫ぶと、自然に「ラァーック」という発声になる。これは偶然にも英語の「ROCK＝ロック」の正しい発音となって聞こえるらしい。アメリカの岩場で、米国人のパートナーが小石を落としたときに私が無意識に「ラァーック」と叫んだら、あとで「いい英語だった」と褒められた。私は「ROCK＝石」ではなく日本語の「RAKU＝落」と言ったつもりなんですけど、ね。

不安定な足場では、後ろの人に靴の裏を見せるような歩き方は避ける

ガレ場では大きな石の上に乗った転がりやすい石（車石とも呼ばれる）を踏まないよう注意

ときには岩場より怖い濡れた木の根、凍った木道

濡れた木の根
斜め下に向いている濡れた木の根には特に注意しよう。足を置いた瞬間、不意にスリップする恐れがある

表面が薄く凍った岩（ベルグラ）
初冬や春先の中級山岳ではときどき、岩の表面が薄い氷に覆われている。これはベルグラと呼ばれ、最も滑りやすい要注意箇所だ

積もった落ち葉
晩秋は落ち葉が道を隠し、中に潜む氷や泥や浮き石に気づかない場合があるので気をつけよう

登山道の危険箇所というと、岩場だったりガレ場だったり、とにかく岩っぽい場所を連想されることだろう。しかし意外な場所にも、転・滑落などの危険があることを知っておいてほしい。

たとえば木道。傾斜もなくまっ平らであるにもかかわらず、ここでの事故は意外に多い。その理由は、木道の表面に凹凸がないため、濡れていたり霜が下りていたりすると極端に滑りやすくなってしまうからだ。

平らなところだから転んでも大したことはないだろう、などという考えは甘い。その場で尻もちをつくくらいならアザで済むかもしれないが、とっさに手をついて体重を支えようとして、腕を骨折する事故が意外と多いのだ。手をついた瞬間、腕1本にかかる

Column

オールシーズン対応。フリクション抜群の韓国・ゴム製階段

韓国の登山者に人気の北韓山(プッカンサン)と道峰山(トボンサン)は、それぞれ仁寿峰(インスボン)や仙人峰(ソニンボン)といったクライマーに人気の岩場を擁する岩山で、どの登山コースをたどっても頂上付近は急峻な岩場となっている。ただし、メインコースとなる登山道は整備がしっかり行き届き、初級者も安心して歩くことが可能だ。

注目したいのは階段で、ここでは木製や金属製ではなく、タイヤのゴムを小さく切ったチップを縦に並べて敷き詰めてある。これによって、濡れていても抜群のフリクションが保たれ、足場に水がたまることもなく、雨の日も安心して歩ける。さらにこのゴム製の足場は冬のチェーンスパイクや軽アイゼンにも強く、歩く側にすると足裏感覚がソフトなので、安定感のある登下降が約束されているといえるだろう。

濡れた木道

平らだからと侮ってはいけない。濡れていたり、霜が下りていると、転倒者が続出して重大な事故になることも

霜の下りた階段

階段があるということは急斜面であることが多いのでスリップは大ケガのもと。不用意に足を置かないように

のは自分の体重だけでなく、背中の荷物も一緒だということを忘れてはならない。そして転ばないよう慎重に足を運び、小股で歩くことを心がけてほしい。

同様に、身近な危険箇所として注意したいのは、むき出しになった木の根である。雨に濡れた、下向きの木の根は本当に怖い。足を置いたとたん、いきなり足元をさらわれる怖さを、安全なところで一度、確かめておくといいだろう。以後、下向きの濡れた木の根には絶対に足を置かないよう、気を配るようになるはずだ。

そのほかにも、大したことがないように見えて、実はとても危険だという場所がいくつかある。一般登山道とはいえ、くれぐれも油断されないようご注意を。

基本中の基本、三点支持(確保)を覚えよう

三点支持を守り、安定した登りで上をめざそう

下りでも三点支持の原則は変わらない。動かしていいのは1カ所だけだ

岩場ではヘルメットをかぶろう

岩場では、頭部を守るためにヘルメットをかぶるようにしたい。万一、自分が岩場から転落してしまったときに、頭部の保護の有無が生死を分けることもある。また、落石から頭を守るためにも、かぶっていたほうが安心だ

登山の教科書のなかで、岩場の話になると必ず出てくる言葉が「三点支持」だ。「三点確保」ともいわれている。

これは岩場の登下降の際、両手両足の4点のうち、動かしていいのは1カ所だけで、残りの3点は常に岩に接していることをいう。つまり、どんなときでも3点での確保があるので、安定した登下降ができるというわけだ。

三点支持を守りながら岩場を登る際に、いちばん気をつけたいのは腕力に頼りすぎないということだ。足でしっかり岩に立つことが重要で、体が岩に近づきすぎると荷重が斜めにかかるようになってしまい、滑りやすくなる。足への荷重が常に鉛直方向にかかることを意識して、慎重に足場を探しながら登るようにしたい。

三点支持を守った登り方(例)

しがみつくな。荷重は常に鉛直方向へ

山が急峻で鎖場が多いことで知られる妙義山。足場がしっかりしている場所では、鎖はバランスを保つ補助として使おう

↓石鎚山三の鎖上部にて。この鎖は特殊で巨大だが、ぶら下がるのではなく補助的に使う点においてはどの鎖も同じである

鎖にしがみついてしまうと腕の負担が大きく、足への荷重が斜め方向になって滑りやすい。視界も制限されて不安定だ

冷静に鉛直方向に立ってみると、それほど傾斜がないことがわかる

鎖場を通過する際のポイントは、鎖は頼るものではなくバランスをとるためのもの、くらいに考えておくということだ。岩場の基本と同じように、まずは足でしっかり立ち込むことが重要で、鎖を持った手は、よほどの傾斜でないかぎりは軽く添える程度で十分だったりする。きちんと足に荷重できていれば上体が起きて余裕ができ、次の手を出すのも楽だ。鎖にしがみつくような格好になってしまうと、こうはいかない。

そして鎖は、ひとりずつ順番に利用するようにしよう。前の人が登っている最中に待ちきれずに登り始め、もしスリップしてしまうと、上の人が振られて落ちてしまう危険がある。登りと下りが向き合ったときは、声をかけ合って譲り合いながら利用してほしい。

登る順番は譲り合って

交互通行の鎖場では登り優先を基本にして、混み具合などを見ながら臨機応変に。待機場所では転落や落石に十分注意のこと

左右に振られないように

真下に下りる場合は、鎖を体の中心に置き、左右の足を開いてバランスをとると安定する

鎖場の終了点に注意

鎖場でもハシゴ場でも、安定した手がかりや足がかりが終わったすぐあとは、つい気が緩みやすくなるので十分に気をつけたい。危険箇所は鎖場を含むその前後にもあることを知っておこう

手袋は素材がポイント

日陰の鎖は冷たくて手袋が欲しくなるが、ウールや綿などの素材は滑りやすいので注意しよう。手のひらに滑り止めが付いているとベターだ

ハシゴ場の通過方法

足場をしっかり確認し、体を起こして登ろう

急峻な岩場などでは、足がかりが少ないところにはハシゴ、足を置く場所があるところには鎖が設置されていることが多い

○

×

ハシゴ場の下り

ステップに体重がしっかり乗れば上体は起きてくる。この状態なら足場は見やすくなり、安定して下ることが可能だ

○

×

ハシゴのステップには鉛直方向に体重をかけるようにしよう。しがみついてしまうと荷重が斜め下方に向いてしまい滑りやすくなる

登山道の危険箇所で出合う鎖やハシゴだが、通過のための体の動きはハシゴのほうが単純で安心感がある。基本的に垂直方向への繰り返し運動なので、一歩一歩の登下降を丁寧に続ければ誰でも問題なくクリアできることだろう。ハシゴは鎖と違って横や斜めに設置されていることがないため（当たり前だが）、足の裏にしっかり体重をかけることさえできれば心配ない。

ただ、長いハシゴだと高度感に恐怖を覚える人もいるかもしれない。知らず知らずにしがみついている可能性もあるので、そのときは体を起こしぎみにして足裏にしっかり体重をかけ、次のステップをじっくり見つめよう。三点支持を守るかぎり落ちることはないのだと心に語りかけ、焦らず着実に登ることだ。

ストックはザックに付けるのが基本

ストックはザックのサイドに付けるのが手軽で便利。ストラップを二重に巻くと、ずれずに安定する

短い距離なら「アルペン差し」で対処しよう

ストックを忍者の刀のようにザックと背中の間に落とし込む「アルペン差し」という携行法も、短距離なら便利だ。ショルダーベルトを緩め、短くしたストックを背中に通してからふたたびベルトを締める。多少の違和感はあるが、短い区間ならさほど負担になることはないだろう

ストックは使わない

ハシゴ場でストックを使うことは厳禁。ザックに付け、両手はフリーにして下るようにしよう。写真のように下向きに下るのはもってのほかだ

ひとりずつ、が原則

ハシゴ場ではすれ違うことができず、また、数人が接近して登ると不安定になるので、「ひとつのハシゴにひとり」を原則と考えよう

下り始めに注意

ハシゴ場でいちばん怖いのは、下り始めの最初の一歩だ。体の向きを変えて足を下ろす際に焦らないよう、ホールドをよく確認してから動くようにしたい

雪上歩行の基本はキックステップ

高山帯では8月に入ってからも道が雪に埋もれていることがある（槍沢にて）

明瞭な足場がないときにはキックステップで足場を作りながら登る。ヒザを支点に、靴の重さを利用して振り子のように蹴り込むといい

先行者の踏み跡（ステップ）がしっかり残っているなら、そこに忠実に足を乗せるように登ろう

日本には、夏になっても登山道が雪に埋もれているコースがいくつもある。代表的なものが「日本三大雪渓」と呼ばれる白馬大雪渓、針ノ木大雪渓、剱沢大雪渓で、この3つは特に規模が大きく、秋になるまで雪が残ることが多い。また、東北や上信越の中級山岳においても、7月ごろまでは残雪と出合う可能性が高いため、対処方法を考えておく必要がある。

雪上の歩き方だが、まず、他人が歩いた跡（ステップ）がしっかり残っている場合には足をそのままステップに乗せて登る。ステップが残っていない場合には、残雪上の凹凸模様のなかの平らな部分に足を乗せて歩くといい。

それでも不安定だと感じられるなら、自分でステップを作って登るしかない。「キッ

雪渓歩行の注意点

崩落

沢の中央部は雪解けが早く、雪渓が薄くなっていることがある。もし歩行中に崩落に巻き込まれると水流に落ちてしまうことになり、とても危険だ。また、両岸の近くも雪が薄くなっていることがあるので、踏み抜きには十分に注意しよう。

落石

雪渓上に落ちている石は、最初からそこにあったのではなく、基本的に上から落ちてきたものだ。石を見たら落石への警戒を怠らないように。雪の上を落ちてくる石は大きな音がしないので気づきにくく、特に上部がよく見えない濃霧時は要注意。

下降

トラバース同様、雪上歩行で難しいのが下降である。特に秋の雪渓は表面が氷化していることもあり、カカトでのキックステップも難しいので、雪上歩行に慣れていないうちは積極的に軽アイゼンを利用するといい。

トラバース

雪が遅くまで残るのは主に沢沿いであるため、なかには登山道が雪渓を横切るケースも出てくる。きちんと整備されていれば問題ないが、雪の斜面のトラバースはバランスがたいへん取りにくくスリップしやすいので、滑落には十分気をつけよう。

クステップ」という方法で、足の蹴り出しで雪の斜面に平らな足場を作りながら登る方法だ。

　キックステップにはちょっとしたコツがあって、やみくもにサッカーボールを蹴るような動きは好ましくない。ヒザを支点にして、蹴り込む足のカカトをスッとお尻に近づけるように軽く上げてから、靴の重さを利用して、振り子のようにつま先で蹴り込む。こうすれば太ももへの負担も少なく、リズムよく登ることができるはずだ。

　下りのキックステップは逆に、カカトにお尻の重さを乗せていくような感覚で鉛直方向に踏み込むといい。

　こうした動きは「習うより慣れろ」で、理想的には雪山の講習会などで身につけておくといいだろう。

地図を読み解く

等高線の意味を理解して山を立体的にとらえよう

尾根と谷の形状が不鮮明な低山のほうが、仕事道の錯綜などもあり、北アルプスなどの人気山岳より迷いやすいことがある

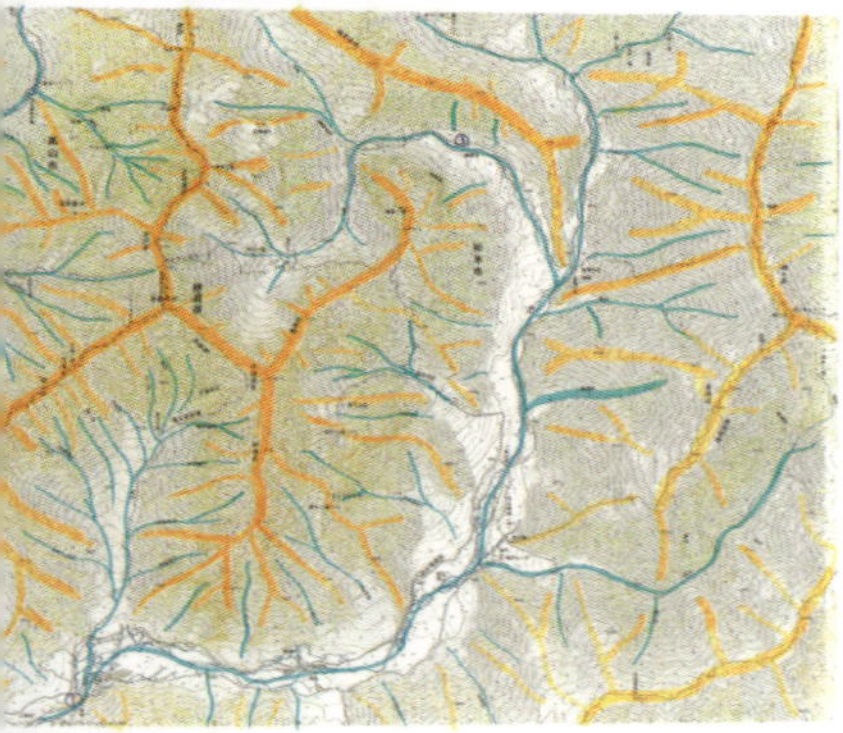

地形図に尾根線と谷線を書き入れると、より立体的に見えるようになる

登山のために使われる地図には、一般的にコースタイムや道の情報などを記載した登山地図と、そのベースとなっている国土地理院発行の地形図がある。単に位置関係を示すタウンマップなどと違うのは等高線の存在だ。等高線とは文字どおり、同じ高さをつないだ線で、これによって平面的な地図に立体感を表現することができる。

2万5000分ノ1地形図の場合、等高線は10mごとに引かれ（主曲線）、50mごとに太い線（計曲線）が引かれている。これらの曲線の曲がり具合で、尾根と谷の存在や頂上の形、傾斜の強さなどを読み取ることができる。丸く閉じたところが周辺の最高地点（頂上）で、そこからせり出して延びているところが尾根、逆に、食い込んで見えるのが谷だ。地形図の上に尾根線と谷の線を書き込んでみるとイメージしやすいだろう。

尾根と谷の存在を理解し、等高線が読めるようになれば、登山道の斜度の変化や周囲の展望などについて理解でき、道迷いも防ぐことができる。まずは尾根と谷の存在を理解することから始めよう。

登山地図と2万5000分ノ1地形図

コースタイムや道の情報が詳しく書き込まれた登山地図。標高に沿って色分けされていて見やすい

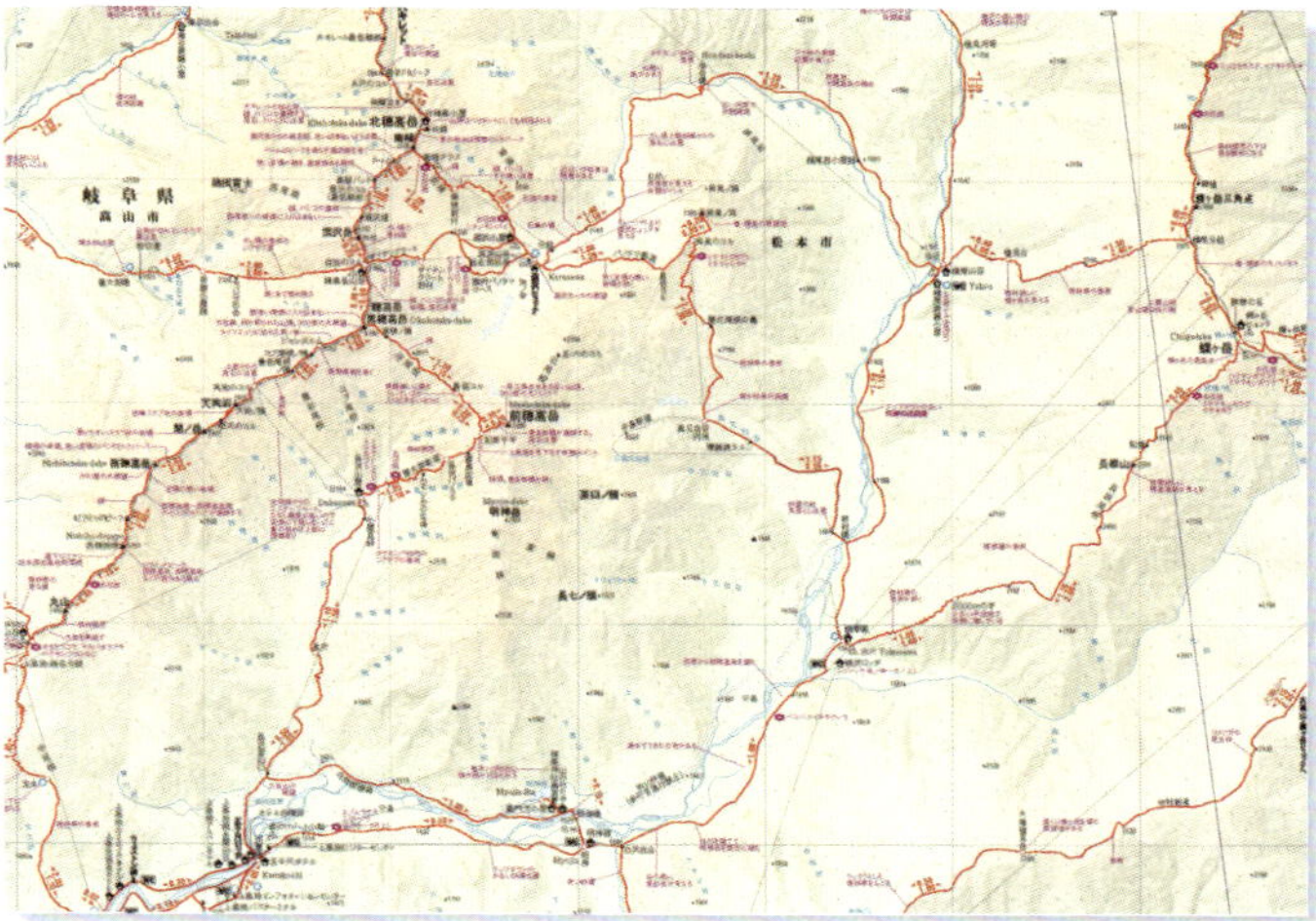

⑥ 奥穂高岳から見た槍ヶ岳

⑤ 涸沢から見た穂高連峰

④ 本谷橋を渡る。ここから急登

地形図と実際に見える風景

国土地理院発行の2万5000分ノ1地形図は、基礎情報以外に詳しい情報は掲載されていないが、その分、地形を読みやすい

① 上高地から奥穂高岳を望む

② 梓川越しに見た明神岳

③ 横尾から屏風岩を望む

道迷いを防ぐには

迷いやすいポイントに注意しよう

廃道へと誘い込む間違い道は、そこを人が往復することによってますます立派な導入路へと育っていく。通行禁止の目印を見落とさないように注意しよう

尾根に沢が突き上げてくるような地形では、つい、視界が開けた方向へと下ってしまいがちだ。目印をしっかり探すのはもちろんのこと、登山道とそうでないところでは岩の安定感や表面の色が違ってくるので、確認しながら歩こう

一般登山道を歩いていて、迷うキッカケとなりやすいのが、誤った踏み跡だ。特に廃道へと誘い込む道の跡や、ショートカットしようとして誰かが歩いた跡などがあると、つい、たどってしまいがちになる。こうした踏み跡がいかにも「ホンモノ」に見えてしまうのは、間違いだと気づいた人が引き返してくるから。つまり、ひとりの人が2度ずつ歩くことによって、間違い道はますます明瞭になってくる。そして引き返す判断のできなかった人が、間違った道をそのまま突き進み、道迷いになってしまうわけだ。

基本的に、登山道にはところどころ目印がついている。岩場であればペンキ印、樹林帯なら赤やピンクのリボン、そして道標も要所要所にあるので見落とさないように。

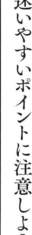

深い霧も道迷いの原因になる。広く開けた地形で濃霧に巻かれたとき、現在位置を確認するのに役立つのがGPSだ。スマートフォンのアプリにもあるのでチェックしてみるといい

→沢沿いの道を登っていると、途中に現れる枝沢に引き込まれてしまうことがある。地形図で谷の曲がり具合や沢の分岐などを確認しながら歩くようにしよう

遠くまで見通せるような明るい雑木林も、油断すると道を見失いやすい。落ち葉が踏み跡を隠していたり、地図に表現されていない仕事道が出てきたりするので要注意だ

また、道の目印だけではなく、足元を観察すれば、人がよく歩く道にはサインがあることに気づくはずだ。岩の表面がすり減って白くなっていたり、木の根に踏まれた跡が残っていたりするので、こうしたサインが消えかかってくるようなら道迷いを疑うといい。そして道が間違いであった場合、または判断がつかない場合も含めて、「道に迷ったら、わかるところまで引き返す」という登山の原則に従って行動するようにしよう。

人間の心理として、たとえ明瞭な踏み跡がなくとも、明るく開けた場所が続いているとそちらに足を向けてしまいがち。特に沢の分岐には注意したい。地図をよく見て地形を確認し、常に現在位置を把握しながら歩く習慣をつけることが大切なのだ。

渇く前に飲む。バテる前に食べる

休憩は、ある程度決まった間隔で取るようにしよう

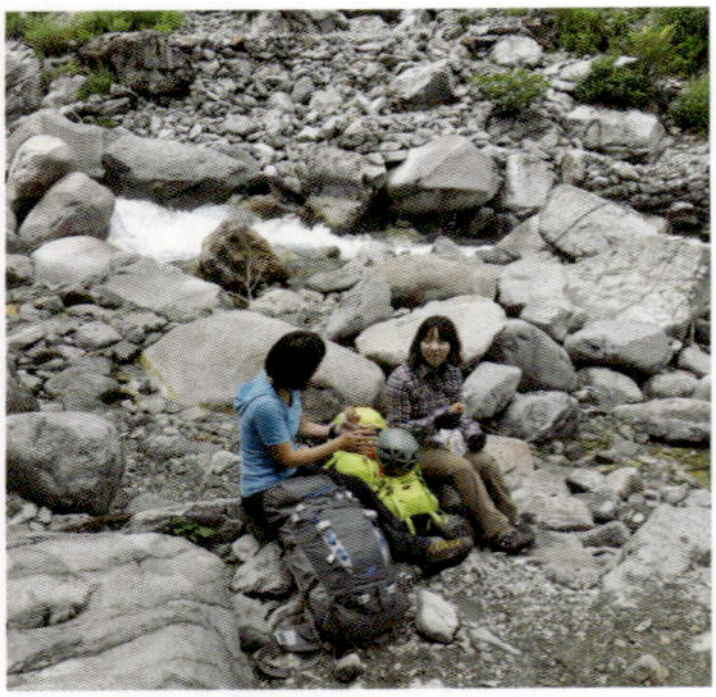

これから急登とわかっているところでは、十分に休んで登りに備えること

最初の休憩は早めに取り、靴紐やウェアの調整時間に当てるといい

登山中、ペースを守ってしっかり歩くためには、効率よく休みをとることが重要になってくる。誰でも休みなしに長時間、歩き続けられるわけではなく、体はどこかで休みを必要としているはずなのだ。疲れを回復させるためにも、また、安全に登り続けるためにも、効果的な休憩の取り方を考えてみよう。

まず、休憩はある程度一定の間隔を置きながら取るようにするといい。たとえば50分歩いて10分休憩、など、間隔が不規則にならないよう定期的に休むことが大切だ。体も次第にそのリズムに慣れてくる。ただ、この時間割はそれほど厳密に守る必要はなく、たとえば途中に山小屋や小ピークなど立ち寄りたい場所が出てきた場合には、臨機応変に行動すればいい。

状況に応じた食料補給を

「最後はコレさえあれば」な保険食も

勝負食とは別に、自分の最後のパフォーマンスを引き出す行動食メニューも用意しておくといい。私の場合はアミノ酸入りゼリーと加糖れん乳で、16時間の連続行動も、最後にこれがあったから安心して歩けた思い出がある。自分なりの「伝説の行動食」は、保険としても価値が高い。

「山小屋でランチ」も楽しい

予定のコース中に山小屋がある場合には、小屋のメニューを当てにするのもひとつの方法である。その小屋独自の自慢メニューを楽しみに行動する、というのも悪くない。ただし、ランチの営業時間は短いのと、目当てのメニューが売り切れになることもあるので注意しよう。

「ここから急登」に備えて勝負食を用意

行動食は各自、さまざまなメニューを用意していることと思うが、その日一番の急登や危険箇所の通過の前には、自分にとって絶対に信頼のおけるメニューを用意しておくといい。「コレを食べれば自分は絶対にバテない!」などと暗示をかけると、意外に効果があるものだ。

とはいっても、最初の休憩だけは早めにとるよう心がけよう。歩き始めの15分から20分くらいで、バックパックのフィット感や靴紐の締め具合、暑さ寒さの体温調整などのために休憩時間を割くといい。

なお、稜線での休憩では、体を冷やさないようにしたい。そのためには風の当たらない、安全な休憩場所を探すこと。そしてジャケットを一枚羽織るなど、保温を心がけること。

また、休憩時には水分や行動食をしっかり摂ることが重要だ。ポイントは「喉が渇く前に飲む。バテる前に少しずつ食べる」。空腹や喉の渇きをギリギリまで我慢すると、最悪の場合、動けなくなってしまうことがある。山道を安全に歩くために、定期的な休憩とエネルギー補給を忘れないようにしてほしい。

Column

シー・トゥ・サミット、サミット・トゥ・シー

東京湾から雲取山へ

東京都の最高峰・雲取山(2017m)に、海抜ゼロメートルから登ったことがある。ベンガル湾からエベレストに登ったオーストラリア人、ティム・マッカートニー・スネイプに触発されての山行だった。スケールは4分の1だが、「海から最高峰へ」というコンセプトは変わらない。ただし都心の混雑した歩道は走りたくないので、登山口までロードレーサーを使うことにした。

東京湾・竹芝桟橋を5時に出発。朝日に輝く高層ビルの麓を疾走する。パンクのアクシデントなどに見舞われながらも、鴨沢登山口に13時に到着。サイクルコンピューターは99㎞を示していた。

ここからランニングシューズに履き替えて登山道を駆け登る。雲取山山頂にたどり着いたのは16時。そこには数人の登山者が残っていた。当然、遅い時間に登ってきたレーサーパンツの私たちに好奇の視線が注がれる。そして期待どおりの質問が飛んできた。

「あのー、どちらから?」

ふふふ。よくぞ聞いて下さった。私はコレが言いたかったのだよ。

「まあ、ちょっと東京湾から」

それから私たちは、長い下山が待ちうけていることも忘れて海抜ゼロメートルからの登頂物語を延々と語ったのであった。

シー・トゥ・サミット。じつに達成感のある山行スタイルだと思う。下山がなければなお。

白馬岳から日本海へ

北アルプスが日本海へと沈み込む親不知海岸。その、海まで延びる尾根をスキーで下ったことがある。大学2年の春、仲間とふたりで大雪渓を登り、2泊3日で親不知海岸に下り着いた。正真正銘の標高差2932mの下山である。

その2年後、より軽快なテレマークスキーを覚えた私は、同コースを1泊2日で走破する計画を立てた。ところが暴風雪に行く手を阻まれて日数の短縮には至らず。代わりに新雪滑走を楽しむことができた。雪の尾根を滑り降りると海の青が目の前に迫り、雪が消えるとそこにはカタクリの群落が待っていた。海岸に近づくにつれて気温は上がり、初夏の陽気となる。そして満足感を胸に、おだやかな夕暮れの親不知海岸にゴール。海をバックに記念写真を撮った。

後日、私はあらためて「海への下山」を実感することになる。海水に触れたスキーのエッジが、日本海に沈む夕陽のように真っ赤に錆びていたのだった。

夜明け前の竹芝桟橋にて

ゴールとなった雲取山山頂

白馬岳山頂にて

夕陽の日本海がゴール

雪倉岳をバックにテレマークターン

Chapter 4

第4章

生活技術

山の楽しみは、
山に泊まることによって
大きな広がりを見せる。
夕焼け、星空、朝日、
そして仲間との語らい……。
山小屋やテントを利用した
山行の基礎知識と、
快適に過ごすための
アイデアをご紹介。

山小屋泊のススメ

山に泊まるからこそ楽しめる世界がある

＊写真は複数の山小屋のものを使用しています

稜線で朝を迎える幸せを味わってほしい

一日の終わりに、こんなごほうびも

テラスで飲む生ビールの美味しさは格別だ

山に泊まるということがどんな意味をもつのか、深く考えたことはあるだろうか。日帰り登山との決定的な違いは、過ごす時間帯である。

　山に泊まった者だけが見ることのできる景色。それは夕焼けであり、星空であり、朝陽であり……。山岳写真家が最も気合を入れて作品づくりに挑むのは、じつはこの時間帯なのだ。斜光が描き出す立体的な山のフォルム、刻々と変わりゆく鮮やかな色彩、雲の流れにゆらめく幻想的な夜景など、ドラマチックな山岳風景の変化は、山で一夜を過ごしたからこそ目にできるもの。そして、その貴重な時間を過ごさせてくれるのが山小屋なのだ。

　山小屋は、厳しい自然環境のなかで、登山者の安全を守る避難小屋的な役割も兼ねて

稜線に泊まったからこそ見ることができた御来迎

山小屋ご主人のトークショーなども

美味しい食事も楽しみのひとつ

いる。そして、登山者のためのサービスに工夫を凝らし、楽しい思い出づくりを手助けしてくれる。山小屋を利用して、安全で楽しい山歩きをしてほしいものだ。

山小屋に泊まる際の注意点はいくつかあるが、①事前に予約を入れること。②基本的に15時までに到着するよう計画を立てること。③小屋の決め事に従うこと。以上の3点は守るようにしていただきたい。決め事とは主に、トイレの使用済みペーパーを分別して捨てるとか、節水に気をつけるなど、環境に配慮したものだ。

山小屋では食事も楽しみのひとつだし、登山者とのふれあいの場としての魅力も大きい。山小屋を効率的に利用して、より深い山の楽しみを探し出そう。

山小屋に泊まってみよう

部屋

基本的に大部屋では布団が一面に敷き詰められ、枕元に記された番号の位置に寝ることになっている。混雑時には必ずしもひとり一枚の布団に寝られるとはかぎらないので注意しよう

受付

小屋に着いたら、まずは受付。宿泊台帳に宿泊日、夕・朝食の有無、翌日のお弁当予約などとともに翌日以降の行動予定を書き込む。食事券を受け取り、館内施設の説明を聞いたのちに部屋へ移動する

個室を予約できれば自分たちだけの空間を確保することが可能だ

最近は事前にウェブサイトから予約ができる山小屋も増えてきた

乾燥室

雨の日は濡れた服を乾かすために乾燥室が大混雑する。他人の服と間違えられないように目印をつけるといい。また、服が乾いたらすみやかに回収し、譲り合って利用すること

下駄箱

脱いだ靴は指定された下駄箱に入れるか、ポリ袋に入れて部屋の前まで持っていくようになっている。下駄箱には似た形の靴が並び、履き間違いも多いので注意しよう

＊写真は複数の山小屋のものを使用しています

談話室

食前・食後のひとときを過ごすのに便利なのが談話室だ。その地域限定のガイドブックが置いてあるなど、利用価値は高い。山で出会った人たちとの交流の場としても、ぜひ利用したい

食堂

決められた時間に食事が始まるので、食券を手に食堂へ向かう。ごはんと味噌汁はセルフサービスのところが多い。混雑時は入れ替え制になっているので長居はしないように

洗面所

小屋の立地条件にもよるが、せっけんや歯磨き粉の使用は禁止のところが多い。環境への配慮ということで理解していただきたい。また、稜線の山小屋では節水に気を配ろう

風呂

基本的に、お風呂が使える山小屋はごく少数派と思っておいたほうがいい。ウエットティッシュで汗を拭くなど、各自が工夫して快適な山小屋生活を楽しもう

就寝

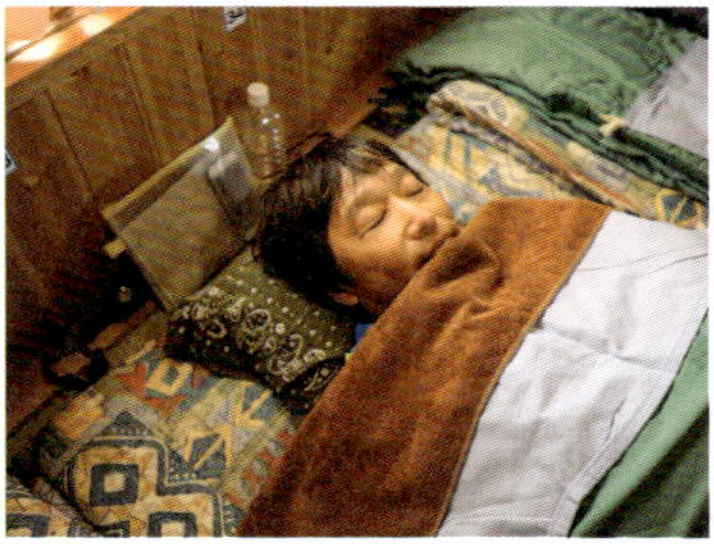

大部屋に泊まる場合、バックパックは部屋の外に置くようになっていることが多い。枕元には必要最低限のもの(貴重品、ヘッドランプ、水など)だけを用意して休むようにしよう

トイレ

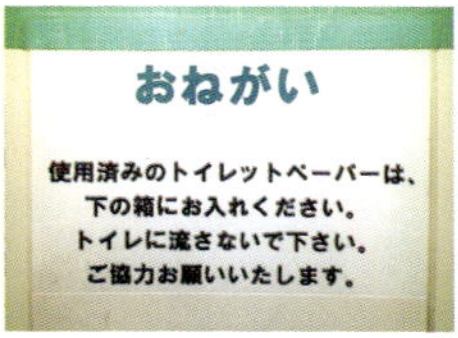

環境に配慮したトイレを設置している山小屋が多く、し尿の分解を促すためにトイレットペーパーは分別して処理するようになっている。使用済みのペーパーはごみ箱へ

山小屋生活をより快適に

取り間違え注意

乾燥室に干す雨具やシャツは、どうしても似通ったものが多くなるので、他人に間違えられないように目印をつけておこう。山小屋によっては荷物札が用意されていることもある

枕元を清潔に

シーツや布団カバーのない掛布団を使うことが気になるなら、枕と襟元だけでも工夫してみよう。枕はバンダナやハンカチなどでカバーを。襟元にはタオルを巻いて、体に直接触れる部分を少なくするといい。マスクの着用も効果的で、喉の乾燥を防ぐこともできる

すぐに使うものはサコッシュに

小屋の中の移動にはサコッシュを使うと便利だ。財布や携帯電話といった貴重品や、歯ブラシなどの洗面用具、記念写真用のデジタルカメラ、消灯後に備えてヘッドランプなども、ひとつにまとめて身につけておこう

携帯用おしりふきが便利

お尻洗浄機付きのトイレに慣れてしまうと、ペーパーだけの処理では不快感をぬぐいきれない。専用の「おしりふき」を使うと快適だ。ウエットティッシュでも代用できなくはないが、メッシュタイプは指先に、アルコールタイプはお尻に悲劇を招く(要・想像)ので注意しよう

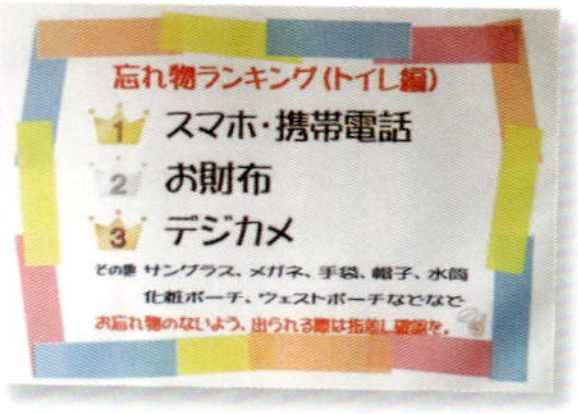

忘れ物に注意

普段、身につけることのないものを持ち運んだり、物の出し入れが多い山小屋生活では、つい忘れ物をしてしまうことがある。忘れ物ランキング(燕山荘調べ・トイレ編)を参考にして注意喚起を

マイ・スリッパが快適

あらかじめスリッパが用意されている山小屋もあるが、数が足りなかったり素足で履くのがためらわれることも。携帯折りたたみ型の軽量スリッパ(100円均一ショップで売っている)を持っていると快適だ

Column

みんなで気持ちよく過ごすために

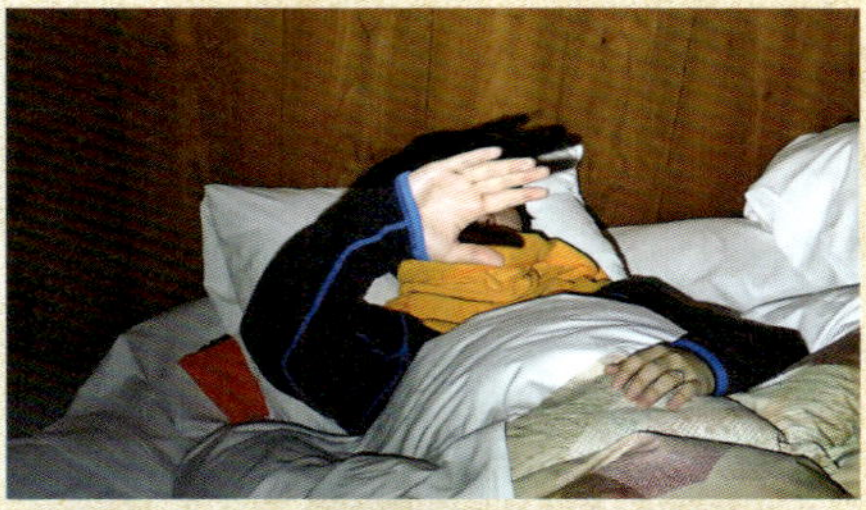

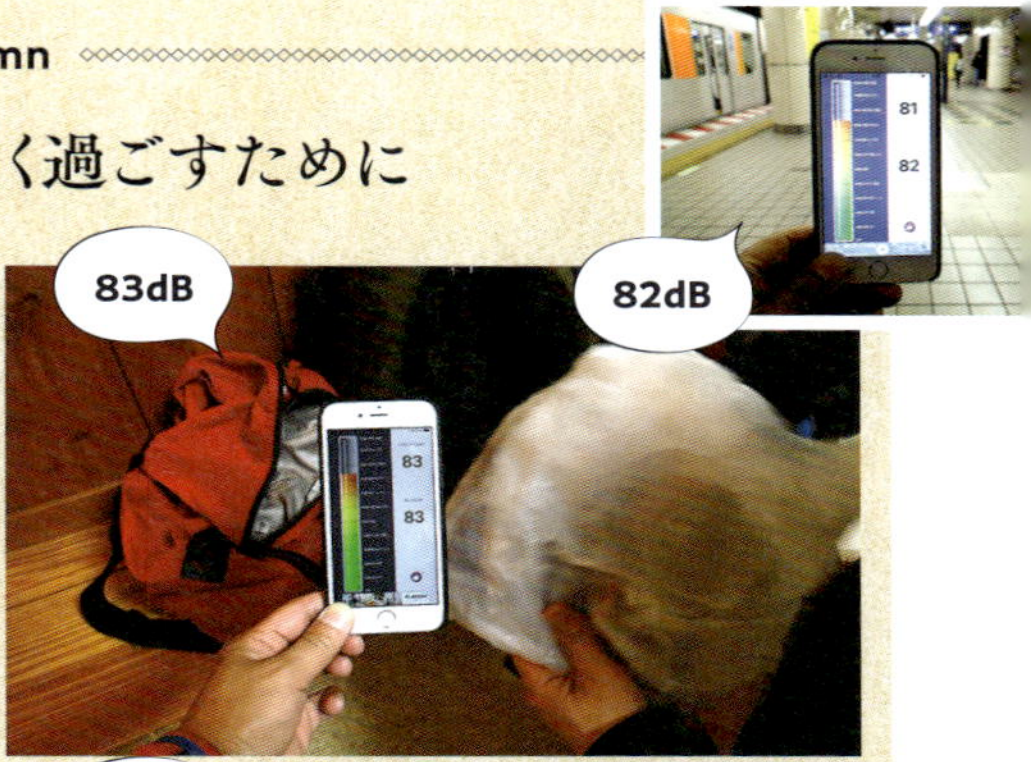

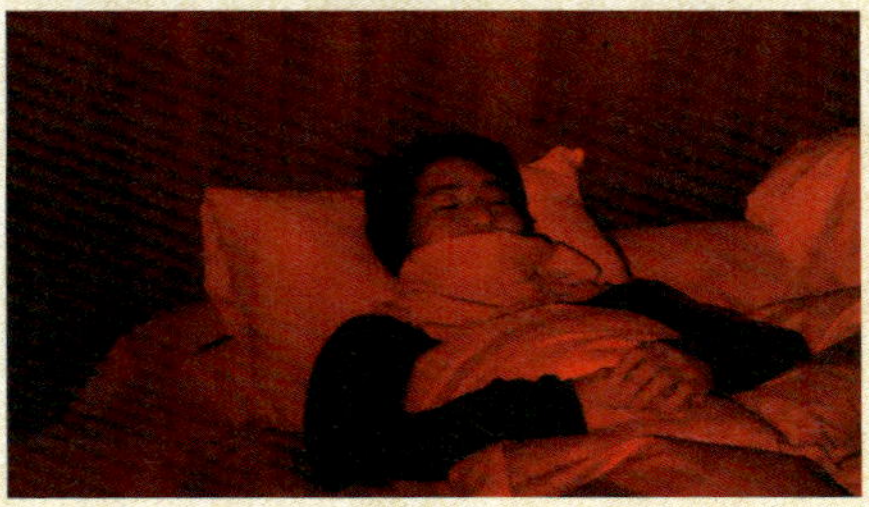

直射注意　ヘッドランプの直射に気をつけよう

消灯後、夜中にトイレに起きてしまったとき、寝ている人の顔にライトを照射してしまうことがある。これは休んでいる人にとって大変な迷惑行為だ。ヘッドランプは手で覆って指の間から漏れる明かりだけで足元を照らすか、あるいは赤色LEDモードにして、まぶしさを感じさせないように工夫するといい。

騒音注意　そのポリ袋、地下鉄のホーム並みの騒音です

山小屋の中でパッキングをする際、周囲の人たちに配慮したいのが騒音だ。消灯後や早朝の、周囲が寝静まっている時間帯に荷造りをするような行為は慎んでいただきたい。なかでも騒音の元となりやすいのがコンビニのレジなどで使われるポリ袋で、これをガサゴソやっていると80デシベルもの音が発生する。これは地下鉄駅のホーム並みの騒音に匹敵し、お休み中の人にとってはたいへん迷惑だ。せめてナイロン袋にして音を抑えるか、基本的に荷物の整理は消灯前に済ませておくようにしよう。

臭い対策　ウール製品やミントオイルなどで対処

相部屋での生活でどうしても気になってしまうのが「臭い」。香りの強い消炎剤などは最低限の使用にとどめるか、無香料タイプを選ぶといいだろう。また、行動中にかいた汗の臭いは仕方ないとしても、防臭効果のあるウール製品を着用したり、刺激の少ないミントオイルなどを使えば多少は軽減できる。室内用に、アンダーシャツと靴下だけは着替えておこう。

清涼感のある香りが特徴のミントオイル。
天然成分で、抗菌・虫よけ効果も期待できる

炊事具、寝具、食料をそろえて小屋に泊まろう

仲間とともにワイワイ炊事を楽しむのも自炊小屋の楽しみだ

越後駒ヶ岳の頂上直下、標高1890mにある駒の小屋。不定期に管理人が駐在。収容40人。小屋脇の雪解け水の水場が枯れると、小屋から2、3分下ったところの水場を利用する

大朝日岳頂上北直下、標高1790mに立つ大朝日小屋。管理人が駐在し、収容100人。水場は徒歩で15分ほど下ったところにある名水「金玉水」から汲んでくる

化雲岳の南、ヒサゴ沼湖畔に立つヒサゴ沼避難小屋。収容30人。悪天候時など緊急を要する際に避難するための小屋なので、原則はテント泊だが、緊急時には使用可能

空木岳頂上直下、標高約2800mにある空木駒峰ヒュッテ。地元の駒峰山岳会が管理・運営し、7・8月は管理人が駐在。収容32人。大展望を楽しめるテラスがある

Column

簡易ランタン製作のススメ

レジ袋にヘッドランプを入れ、軽く膨らませて縛ればランタンの出来上がり。ヘッドランプのベルトでつり下げよう

上向きに点灯したヘッドランプをコップの底に入れ、水入りのペットボトルを置けばスタンドになる

照明のない避難小屋の夜にはランタンが欲しくなる。ヘッドランプの直射だと、まぶしすぎるので、簡易的にランタンを作ってみてはいかがだろう。

手順は上記のとおりだが、基本的に直射光を柔らかく拡散する工夫ができさえすればいい。柔らかい光の下で会話を楽しんだり読書をしたり、山小屋の長い夜を楽しく過ごしたいものだ。

駒の小屋のバイオトイレ。使用後は便器の隣にある自転車のペダルをこぎ、排泄物を攪拌する

無人小屋で役に立つのが携帯用スリッパだ

ひとりのときは時間を気にせず読書もいい

山小屋のなかには素泊まり限定のところも少なくない。特に東北の飯豊連峰や朝日連峰などはその傾向が強く、シュラフも持参しなければならない小屋もある。こうした山小屋では当然、自分たちで食事を用意しなければならず、北アルプスや八ヶ岳の恵まれた山小屋生活に慣れた人にとっては少々、ハードルが高く感じられることだろう。

その結果、背中の荷物は重くなるが、それと引き換えに自分たちで好きなものを選んで運び、料理できるという自由が生まれる。仲間と一緒にメニューを決め、お互いに手伝いながら料理を作り、ときにはとっておきの隠しメニューを出してみんなの喜ぶ顔を見る。よき山仲間たちとの味の思い出は、きっと心に深く刻まれることだろう。

テント泊のメリット、デメリット

穂高連峰涸沢カールのテントサイト。登山者のためのテントサイトとしては日本最大、いや、世界最大といっても差し支えないだろう

剱岳剱沢のキャンプ指定地。正面に剱岳の大展望が楽しめる

立山雷鳥沢。アクセスが楽で、テント泊初心者も使いやすい

「山に登るということは、絶対に山に寝ることでなければならない」とは『山と溪谷』の著者、田部重治が残した言葉である。人と山との深い関係性のあり方を、うまく言い得た表現なのだと思う。山との一体感を得るためには、その懐に分け入り、なるべくシンプルな形で夜を過ごすことが大切なのだ。

そこでテント泊である。しっかりした建物の山小屋ではなく、布切れ一枚を隔てて過ごす山の夜は、確実に山との距離を縮めてくれる。

たとえ狭くとも、自分たちのテントを張るスペースは自分たちだけの場所であり、居ながらにして見る絶景を自分たちだけで堪能できる。そして、時間に縛られることなく食事を楽しみ、ときには夜中に星空を観察し、夕食や朝食

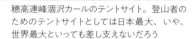

北岳肩の小屋のキャンプ指定地。夜中に星空の撮影をするときなど、テント泊は他人を気にすることなく自由に行動できて便利だ

大峰山（弥山）のテントサイト。軟らかい地面の、明るく開けたキャンプ指定地だ

月明かりに浮かぶ双六池とキャンプ指定地

の集合時間を気にしないで好きなだけ夕焼けや朝陽を観賞することもできる。

その半面、厳しい自然環境のなかでは、テント泊は苦労を強いられることも多い。稜線のテントサイトで風雨や雷に襲われたときの心細さは、山小屋泊の比ではないだろう。また、昨今は装備が軽くなったとはいえ、寝具や食料をはじめとする重量の増加は負担が大きい。

さらに、近年、問題となっているのがテントサイトの混雑ぶりだ。以前は4人パーティであれば4人がひとつのテントで過ごしていたものを、個人個人がテントを持つようになり、超過密状態になってしまうことがよくある。右も左も数十センチ先は他人のテントの壁、といった状況は、なんとか回避したいものだ。

テントの張り方

テントの床にあたる場所を整地する。小石や木の枝などを取り除こう

テントを広げる。風の向きを考え、入り口は風下にくるように

入り口からフレームを入れていく。スリーブは一方通行なので、行き止まるまで押し入れる

反対側のフレームも、同じく入り口側から挿入。2本がクロスして奥まで届くように

フレームを押し込んで立ち上げ、テントの四隅にあるハトメにフレームの末端を差し込む

同じように反対側のフレームも立ち上げ、末端をセット

四隅をペグで固定する。ハンマーの代わりに落ちている石を使うといい

テントの四隅を固定できたらテント本体の設営は完了

ワンポイントアドバイス

スリングを利用して張り綱を延長しよう

張り綱の長さが足りなくて石などの重しが利用できない場合、リング状の細引き（スリング）とミニカラビナをセットにしたものを数本持っていると便利だ。スリングを石に引っかけ、そこにテントから伸びている張り綱をミニカラビナでセットすれば、簡単に長さを延長することができる。

テントマットは銀色が上

テントマット、あるいは銀マットと呼ばれるテントの床用マットは、私の記憶によれば1978年に初めて登山用具店で見かけて購入している。「銀色に光るのは表面にアルミが蒸着されているからで、これが光や熱を反射させる特性をもっている。だから銀色を上にして使いなさい」と、そのとき店の人に教えられた。当時は裏側がグリーンの薄いウレタン製で非常に破れやすく、ガムテープで継ぎ当てをしながら使っていたものだ。78年の冬には五竜岳で、メーカーの人に頼まれてマットの使用中の写真（もちろん銀が上）を提供したこともあった。その当時から今までずっと、私は銀色の面を上にして使い続けている。

9 入り口の向きを確認してフライシートをかぶせる

10 フライシートの末端をバックルで留める

11 テント本体のフレームから伸びている張り綱を、フライの穴に通してセッティングする

12 四隅と入り口の前室部分の張り綱をピンと張って設営完了（撮影協力=アライテント）

テントの中を効率よく使うために

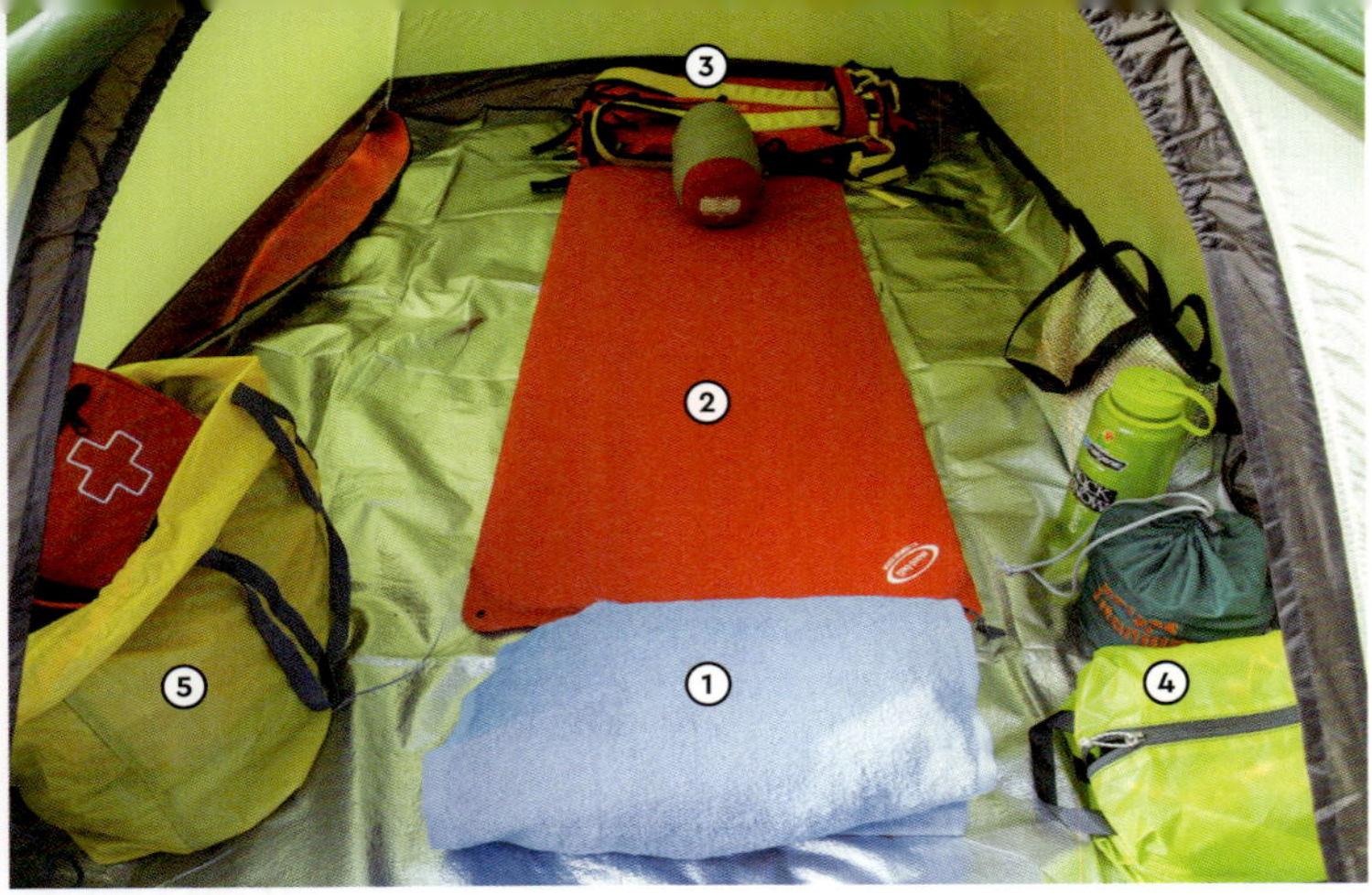

④ 入り口の右側には主にコンロや水・食料など炊事関係のものを置いておくのが私流

⑤ 入り口の左側にはカメラ機材や貴重品などをスタッフバッグに入れて保管する

① 雨具や着替えなど柔らかいものをスタッフバッグに詰め、タオルでくるんで枕を作る

② マットは必ずしも全身用のフルサイズでなくて大丈夫

③ 足元には空にしたバックパックを敷いておけばいい

右利きの場合、テントの入り口で炊事をするときに物を取りやすいのは体の左側。テントの外から荷物を出すときも、この位置がいちばんやりやすい。だから個人的に、入り口の右側には細かく出し入れする必要性のあるものを置くようにしている

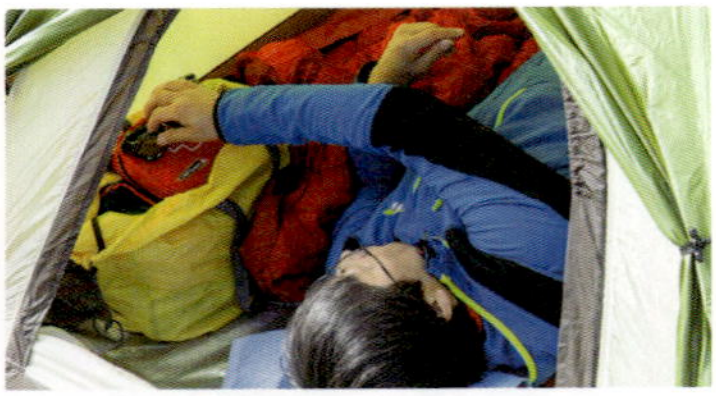

同じく右利きの場合、寝ているときに時計やヘッドランプをすぐに取り出しやすいのが体の左側。貴重品や資料なども、体の左側に置いたほうが手を伸ばしやすい。右と左の物の置き方は、わざと考えてやっているのではなく、無意識にそう置くようになっていたようだ

この章をあえて「生活技術」と名づけたのには訳がある。山に登る技術、つまり危険箇所を安全に歩く方法や、疲れない歩き方といった歩行技術と同じくらい、生活技術が重要だということを知ってもらいたいからだ。

たとえば前ページのテント設営の写真をもう一度よく見てほしい。

2番から4番まで、地面に置かれたテントの上に、必ず私のヒザが乗っていることにお気づきだろうか。これは高校生のころからの習慣で、山の上ではいつ突風が吹いてテントを飛ばされるかもしれないので、ひとりでテントを立てるときには必ずヒザで押さえ付けて作業するクセが身についているのだ。風雨のなか、凍えきった体を休ませるために張ろうとしたテントが風で

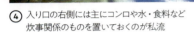

飛ばされてしまったら、大変なことになる。想像力を働かせれば、そんな強風下でも素早くテント設営ができるように習熟しておく必要のあることがわかるだろう。

また、狭いテント生活で、整理整頓がきちんとできていないと出発の遅れにつながることも再認識してほしい。その結果、予想外の雷雨の襲来に出合ってしまう可能性も高まるというものだから。

さらに、身の回りの整理が不十分だと、炊事の際に火傷したり、ひどいときにはテント火災を招くことさえある。実際にコッフェルを引っくり返して足に大火傷をした人を知っているし、隣の大学のテントが威勢よく燃え上がるのを見かけたこともあった。山の生活では火の扱いにも十分注意しよう。

Column

いつかは雪上テント泊山行

↑ブナの新緑が美しい南会津の山中にて

←足元に1000mの空間が広がるヒマラヤの雪壁にて

テント泊のもうひとつの魅力は、山小屋のない山や、雪の季節に自分の家を運び上げる醍醐味だ。雪に閉ざされた山の中に自分たちの力だけで分け入り、自分たちの判断でテントサイトを決めて一夜を過ごす。周りの雪を溶かせば水になるので、水場を探す必要がないことも雪山テント泊の魅力のひとつだ。

雪山に向かうには、雪上技術のほかにルートファインディング技術などの経験が必要となるので、ベテランの同行のもとに雪山テント泊山行を企画してみてはいかがだろう？　夏のテントサイトの喧騒とは無縁の、静かな雪山の世界がそこに待っている。

バックパックの中を空っぽにするときに、軽量のトートバッグがあると便利だ。アプローチの際の靴入れや、テント内の整理にも活躍する

空気注入式のマットは、テントに入る前に膨らませておいたほうがいい。最近は簡易ポンプ付きのものもあるが、狭いところでの空気注入は非常に疲れる

テント内の整理袋は大いに活用しよう。特に、なくしたら困るテント本体とフレームの収納袋は必ずここに入れる習慣をつけておくといい

シュラフとマットの選び方

山行目的に応じてシュラフとマットを選ぼう

冬山用
国内の中級山岳でも冬はマイナス20℃を下回ることがあるので、保温力のしっかりしたダウン製品を選んでおこう。防水と保温のため、シュラフカバーとの併用が望ましい

スリーシーズン用
最も汎用性の高いのがスリーシーズン対応のダウン製品だ。夏山でも稜線の夜は0℃近くまで冷え込むことを考慮に入れ、温度への対応幅を考えて選ぶといい

夏山用
真夏の沢登りなど、高所での宿泊が予定されていない場合には「保温力をプラスしたシュラフカバー」で十分に対応できる。軽量でコンパクトな選択だ

クローズドセル（薄型）
バックパックのパッドにも使える薄型のマット。5㎜ほどの厚さでほどよい硬度を保ち、重さも200gを切る。寝心地・断熱性は他のタイプに譲るが、夏山ならこれで十分

クローズドセル（折りたたみ式）
発泡素材を用いたシンプルなマット。軽くて寝心地がよく、断熱効果も高い上、パンクの心配もなければ、空気を入れる手間もかからない。ただし、かさばるのが難点

セルフインフレータブル（自動膨張式）
ウレタンフォームを内蔵した空気注入式のマットで、断熱性・快適性が高められたスタンダードタイプ

テント泊山行で、寝るために必要な用具が寝袋（通称シュラフ、またはスリーピングバッグ）とマットだ。それぞれ、さまざまなタイプの商品が出ているため、季節や目的とする山の高さ、山行スタイルといった条件に応じて選ばなければならない。

シュラフの素材には、ダウンと化学繊維の2種類がある。保温力は、それぞれの中綿の量で差がついてくるが、同じ重さであればダウンモデルのほうがより暖かく、コンパクトになって便利だ。ただしダウン製品は濡れに弱いので、シュラフカバーを積極的に使用したほうがいいだろう。化繊モデルはコストパフォーマンスに優れ、濡れに強いという長所を生かした山行に利用すると効果的だ。

暖かく快適な夜を過ごすた

めに、シュラフと同じくらい重要なのがマットだ。地面からの熱を遮断し、凹凸を吸収して過ごしやすい環境をつくってくれる。どんなに優秀なシュラフでも、しっかりしたマットなしに快適さは発揮できないのだ。

　マットには、シンプルな空気注入式の「エアマット」、ウレタンフォームの復元作用によって空気を取り込んで膨らむ「セルフインフレータブルマット」、そして発泡素材で作られた「クローズドセルマット」の3つのタイプがある。一般的に、軽くコンパクトにまとめたいならエアマット。快適性を重視するならセルフインフレータブルマット。そして扱いやすさを目的とするならばクローズドセルマットといった観点で選ぶといいだろう。

Column

折りたたみ式マットの携行法

折りたたみ式マットの場合、ケースに入れるかゴムで留めるといった処理をしておかないと、上下で広がって見栄えが悪くなるばかりでなく、引っかかりやすくなる。そこで、マットに小さく切れ目を入れて面ファスナーを通し、バラバラにならないように調整しておくといい。

シュラフは防水処理をしてコンパクトに収納

シュラフはビニール袋などに入れて防水処理をして運ぶのが基本だが、防水生地を使った圧縮袋が意外に便利。薄く小さくしてバックパックの底に収めやすい

薄型マットをバックパックの保護・防水用に

薄型のクローズドセルマットはバックパックの周りに保護材として入れてしまおう。バックパックの形も整えられる

折りたたみ式のクローズドセルマットなら、バックパックのサイドにしっかり付けて

ひとりで汚さずにテントを撤収する方法

テントの撤収は、荷物を整理してから最後に行なう。その際、中にゴミが落ちていないか、しっかりチェックすることが重要だ。晴れた日なら、テントをたたむ前に逆さに持ち上げて、中身をふるい落としておくといいだろう。たとえ少量でも食べ物のカスが落ちていたりすると、湿った環境のなかで雑菌が繁殖してテント本体に嫌な臭いが付いてしまうことになる。

　晴れた日に撤収したとしても、テントの中はまだ湿っていると思ったほうがいい。下山後は一度、袋から出して、しっかり乾燥させておくように。テントを干すときは、できれば設営した状態で、直射日光を避けるようにして乾燥させる。次回も気持ちよく使えるように、手入れをしっかりしておこう。

本体の撤収

①

フライシートを外し、四隅のペグを抜いてから本体のフレームを外す。入り口は少し開けておく

②

反対側のフレームをハトメから抜いてテントを地面に下ろす

③

入り口の反対側に回り、フレームを末端から押し出すようにして抜く

フレームの抜き方

○

必ず末端のほうから押しずらすようにしてフレームを抜いていくこと

×

出口から引っ張るように抜くと、フレームが中で外れて、引っかかってしまう

フレームのたたみ方

○

フレームは中央付近から折り曲げてたたむ。端からたたむと中のショックコードが伸びてしまうので注意

テント本体のたたみ方

1 テントの底の四隅を左右の手でそれぞれまとめて持つ

2 テント側面の真ん中あたりをアゴで押さえながら半分に折る

3 さらに、その中央付近をアゴで押さえて半分に折る

4 テントの収納袋よりもやや長いサイズになるまで折ることを繰り返し

5 適当な幅になったら、張り綱などを整理して中に折り込む

6 端のほうからクルクル巻いていく。ここまでの間、テントは地面につけない

7 折りたたみ終了。ここにフライシートを巻き付けて収納袋に入れ、撤収完了

テントの撤収は、ひとりの作業だと苦労する。特に雨が降った翌日など、地面にテントを広げて折りたたもうとすると、本体に汚れがついてしまうので注意が必要だ。ここに紹介するのは、メーカーが推薦する収納法。テントを地面につけることなく、素早く収納できるので参考にしてほしい。

Column

焚き火生活、雪洞生活

夏山・焚き火定着合宿

昔の大学山岳部は、3週間程度の長期合宿は当たり前だった。荷物を背負うこともトレーニングという思想があったので、軽量化などといった甘えは一切ない。長期保存が可能なジャガイモやタマネギに、ベーコンも2kgの塊をふたつ。米も当然、生米で、クライミングのためのギアを入れると、各自60kgを超える荷物になった。

危険箇所は荷物を半分ずつに分けて運び、3日かけて自分たちだけのベースキャンプを作る。タープを張り、かまどを作り、雪渓に冷蔵庫を作って準備完了。この先1週間、炊事は拾ってきた薪だけで済ませるのがここのルールだ。

炊事当番は1時半に起きてかまどに火を入れ、大鍋で2升の米を炊き上げる。3時には炊き上がった米の半分を朝食用として味噌汁とともに出し、半分を弁当箱に分けて昼食用に用意。そして3時半にはチームに分かれて、岩登りや沢登りへと出かけるのだった。

ワイルドな合宿で学んだのは、焚き火のおこし方と米の炊き方だけでなく、次に何をすべきか、各自が先を読んで行動する姿勢だった。時間の大切さと要領を、体で覚え込まされた気がする。この合宿を境に、1年生も一人前の山ヤへと育っていったのだった。

春山・雪洞尾瀬場所

3月の尾瀬でスキー合宿をしたことがある。山ノ鼻にベースキャンプを設営し、そこから至仏山や平ヶ岳をスキーで滑りまくる計画だった。至仏山を滑り、アヤメ平の雪原に遊んだのち、いよいよ本命の平ヶ岳へ。ススガ峰の先に雪洞を掘って翌日の登頂に備える。ところが16時の気象通報を基に天気図を引くと、見事な西高東低となっていて稜線の行動は厳しそうだ。ラジオは大相撲春場所の初日を告げていた。「荒れる春場所」の始まりだった。

ベースキャンプに戻り、周辺の山々でスキーを楽しんだのち、ふたたび平ヶ岳へと向かう。前回の雪洞を広げて潜り込み、各々が前回と同じ位置に陣取った。気象通報を聞いていると、前回泊まったときがそのまま続いているような錯覚を起こす。描きあがった天気図には小さな高気圧の接近が示されていた。今度は大丈夫。明日は平ヶ岳の頂上に立てるだろう。

と、つけっぱなしのラジオが相撲放送に変わった。「大相撲春場所、いよいよ今日は千秋楽です」

あれから2週間が過ぎていたのだった。

↑平ヶ岳山頂にて

↓雪洞は2カ所から掘り進めて中で合流

↑定着合宿が終わると、次は縦走が待っている

↓定着合宿中は朝昼晩、すべて焚き火で炊事する

Chapter 5

第5章

危機管理

自然を相手にする以上、
山の中では予測できない事態が
しばしば起きる。
緊急事態に陥った場合、
どのような行動をとればいいのか。
また、未然に防ぐには
どうしたらいいのか、
予防策と対処法を紹介する。

山の危機管理

この夕焼けが明日も見られるとはかぎらない

おだやかな夏の日の夕暮れ。西日が雲を赤く染め、山々を温かい色調に包み込む。食事を終えて一杯のコーヒーを片手に、明日、越えてゆく山々と向かい合うたそがれどき。山に来て本当によかったと思うひとときだ。

ただし、この天気が明日も続くと考えないほうがいい。「山の天気は変わりやすい」と言われ続けてきたように、登山者は昔から、気まぐれな天候の変化に翻弄されてきた。

はっきり言って、山の難易度は天候次第で2ランクも3ランクも大きく変わってくる。無風快晴のもとで歩いた岩尾根は、風や雨や寒さといった条件が加わっただけで、まるで別次元の難しさを呈するものだ。広くおだやかな尾根道も、霧がかかると道を探り当てるのに一苦労する。夕立に見舞われれば、涸れた沢が増水して渡ることさえできなくなることもある。そしてその天候の変化は突然、やってくることが多い。

「危機管理」などというと、つい身構えてしまう人もいるかと思うが、山の中は危険に満ちているということをもう一度自覚していただきたいと思う。

　自然のなかに身を置くということは、常に自分で自分の身を守らなければならないということだ。天候の変化だけでなく、登山者自身のミスによる転・滑落、危険動物との遭遇といった脅威も道中には潜んでいる。それらすべての対策をここに述べることは紙幅の関係で難しいが、山の危険に対する心構えを中心に紹介していこう。

北穂高岳から見た奥穂高岳と前穂北尾根の夕暮れ

「風」の怖さを再認識しよう

写真には風の怖さは写らない。大天井岳の登りにて

悪天候というと、まずは雨を連想する人が多いことだろう。もちろん「好天＝晴れ」に対して、悪天の代表が雨であることに間違いはない。ただ、山で特に気をつけるべき気象要素は、雨よりもむしろ「風」であることを知ってほしいと思うのだ。

上の写真を見ていただこう。きれいに晴れわたった常念山脈、よく見るとふたりの登山者が斜面を登るふたりの登山者が斜面に両手をついている。写真だとその理由がまったく理解できないと思うが、実はこのとき、稜線では風速20ｍ近い風が吹いていたのだ。

風速20ｍといえば、「何かにつかまっていないと立っていられない」強さ。ふたりはまさにその状態になっていたわけで、歩行にはかなりの困難を強いられたことだろう。幸い、この日は予定どおり行動することができたようだが、もし、ここに雨が加わっていたら事態は深刻なことになっていたにちがいない。

一般に、風速が１ｍ上がると体感温度は１℃下がるといわれている。実際には風速20ｍで体温が20℃も下がるようなことはありえないが、そこに雨が加わると話は別だ。

体が濡れた状態で風を受けると、水分が蒸発する際に気化熱が発生して体表の温度が奪われてゆく。これは真冬の雨の日に、素手で自転車に乗っていると想像してみればわかるだろう。止まっているときは我慢できても、スピードが上がるにつれて、ハンドル

いかにも悪天候といった写真だが、実際には風もなく、おだやかな一日だった。北穂高岳～涸沢岳間の稜線にて

夕方には青空も見えるようになった

を握る指先の感覚がどんどん失われていく。

極端な話、上から落ちてくる雨だけなら歩行自体にそれほど大きな支障をきたすことはない（もちろん、川の増水や足元の滑りやすさには注意が必要だが）。悪天候の怖さは、雨と風とのコンビネーションにあるということを知っておいてほしい。

ちなみに、いかにも天気の悪そうな上の写真は、北穂高岳から涸沢岳にかけての稜線を撮影したものだ。尾根の西側（左）は滝谷の絶壁になっていて、ここは午後になるとよく霧が発生する。この日も12時ごろから霧が出て周囲が暗くなったのだが、風がほとんどなかったために、安定した気象条件であった。実際、涸沢岳から穂高岳山荘への下山時には青空も見えている。

風は人の心を惑わせる。烈風のもと、正常な判断ができなくなって道を間違えたり、慎重さを欠き不用意に足を置いて転・滑落したり、山岳事故の遠因に風が存在したことも、少なからずあったはずだ。山では突然、息が詰まるような強風に見舞われて焦ることもあるだろうが、ここは落ち着いて対処するようにしてほしい。

無理に行動をせずに引き返すのも選択肢のひとつ。風に冷静さを奪われてしまうことが、なによりも危険なのだ。

豪雨・増水、引き返す判断が試されるとき

豪雨によって増水した沢。登山道は画面中央に
沢を横切るようにつけられているが、今は完全に濁流の中だ

登山中の水の事故は決して少なくない。それは主に増水した川を渡ろうとして流されてしまったケースが多く、当事者はその瞬間まで自分が事故に遭うとは予想もしていなかったことだろう。春の雪解け水、梅雨の長雨、夏の夕立、秋の台風と、川の増水の危険は身近にある。そして水の恐ろしさは、実際に水流を体に受け、水の重さ、冷たさ、強さを体験するまで気づかないものである。特に急に増水した川は水が濁っていて川底が見えず、深さも測れず、渡っていてバランスを崩しやすい。

水の勢いにもよるが、少なくともヒザを超える深さの流れを渡ることは避けたほうがいい。ヒザ程度の深さであっても、体に水を受けると水流は腰近くまで上がってくることがある。そして腰の高さに達するとザックが浮力体となって足がすくわれるようになり、もはやそこにとどまることは難しい。沢登りの経験豊富なベテランがいればロープを使った安全確保も可能だが、使い方を誤るとかえって危険な状況に陥ることもあるので十分な注意が必要だ。

ともあれ、もし、下山の途中で増水した川に出合ったとしたら、無理に渡ろうとせずに安全な場所まで戻るようにしよう。下山の時間や家族への連絡など、気になることが多々あったとしても命には代えられない。水流が落ち着くまでじっくり待つこと。時間がたてば、水はいつしか引いてゆくものだから。

悪天の兆しが見られるとき、数時間後の登山道がどうなっているのか想像力を働かせよう

右の写真から1時間後、水流の落ち着き具合を見てロープを使って徒渉するパーティ（写真＝渡辺幸雄、右写真も）

Column

風と落石の意外な関係

その昔、剱澤小屋に泊まったときの話である。早朝、出発しようとした私に、ご主人の佐伯友邦さんが声を掛けてくださった。

「今日は風が強くなるから落石に気をつけて」

「？」

風が吹くとなぜ石が落ちてくるのだろう？　不思議に思って尋ねてみると「強い風が吹くとハイマツが揺れ、それまで枝で押さえられていた石が落ちてくる」とのことだった。

なるほど、その日は平蔵谷をつめている際に、左右から小さな石が落ちてくるのを何度か見かけた。そして落石の発生源は、たしかに雪が解けたばかりのハイマツ帯であった。

雪渓上に落ちている石にはそれぞれ固有の落下事情があるのだろうと想像はしていたが、風もひとつの要因になっていたのだと、このとき深く納得したものだった。

平蔵谷を埋める雪渓。谷の左右は岩とハイマツの斜面になっている

高山病に対する備えと対処法

予防その1

深呼吸

なんとなく頭痛や息苦しさの兆候を感じたら深呼吸をしてみよう。ポイントは、息を吸うよりも吐くことを強く意識することだ。伸ばした手の人さし指をローソクに見立て、炎を吹き消すイメージで口をすぼめて息を遠くに吐き出してみる。吐ききったと思ったら、そこでさらに我慢してあと一息、腹の底から息を出しきってみよう。そうすることによって今度は深く息を吸うことになり、よりたくさんの空気を肺に送り込むことができる。これを数回、繰り返してみよう。

予防その2

水分補給

高所では体の水分が失われやすい。行動中の汗に加え、乾燥した大気のもとで口からの水分放出量も多くなる。一日の目標を決めて計りながら飲むくらいの努力をしないと、必要な水分の供給が追いつかないことになりがちだ。水分が不足すると血液の粘度が上がってしまい、体の隅々にまで酸素が行きわたりにくくなるので注意したい。行動中に水分が摂りにくければ、朝の出発前や本格的な登攀の前にお茶を一杯余計に飲んでおくなど、水分の摂取量は常に意識するようにしよう。

予防その3

すぐに寝ない

睡眠時はどうしても呼吸が浅くなるため、高度障害を受ける危険性が高まる。一日の行動終了後、特に標高を上げた日にすぐ横になって寝てしまうと、目覚めたときに不調を訴えることがよくあるものだ。行動終了後も、しばらくは眠らずに散歩をするなどして体を動かし、全身の血の巡りをよくして高さに慣れるように心がけるといい。疲れてくると判断力が鈍ってくるのでつい楽をしたくなるが、そこはグッと我慢だ。

予防その4

体を冷やさない

たとえば富士山の頂上で御来光を見ようとすると、8月でも東京の真冬並みの寒さ(5~7℃)になることがある。そんな状況のなか、太陽が昇るまでじっとしていると体が冷え、全身の血流が悪くなって高度障害を受けやすくなるので注意しよう。防寒対策はしっかりとっておくように。参考までに、上の写真は11月下旬の富士山八合目付近の様子だ。風も強く、スリップすれば死の滑り台が待っているので、安定した氷雪技術を身につけている者以外は決して足を踏み入れてはならない。

高所における体への影響は個人差があるが、まったくゼロの人などいない

紫外線の怖さを知って日焼け予防を確実に

山の上で太陽の日差しを浴びるのは気持ちいいが、紫外線の害には十分注意しよう

目の保護のために紫外線カット機能のあるサングラスは必携。ちなみに日焼け対策をしても高所ではここまで焼ける

日焼け止めクリームは小まめに塗り直すことが大切だ。UVカット機能のついた長袖シャツを重ねれば理想的

素肌を太陽にさらさない。ツバの広い帽子と日焼け止めフェイスマスクで対策する工藤夕貴さん。伊吹山にて

標高が高く、太陽に近い分、山の上は紫外線が強い。紫外線は日焼けだけでなくシミや皮膚がんの原因にもなるので、十分な対策が必要となる。

日焼けを予防するには、肌を太陽の光にさらさないことが大切だ。ツバの広い帽子やアームカバーなどを使って、極力、素肌を出さないようにしよう。

そして重要なのが日焼け止めクリーム。出発前にしっかり塗っておくことが基本だが、汗で流れやすいので、小まめに塗り直すのがポイント。特に塗り忘れてしまいがちなのが耳と首筋だ。日焼けの跡が意外に目立つ場所なので気をつけたい。

肌だけでなく、目も紫外線の影響を受けやすい。紫外線カット機能のあるサングラスをかけよう。

落雷事故に遭わないために

稜線で雷に遭ったら、できるだけ低い場所へ

雷は恐ろしい。できることなら生涯、その危険に身をさらしたくないものだ。そう思っていながら、出合ってしまったことがある。北アルプスの鷲羽岳から野口五郎岳をめざしていたときのことだ。

東沢乗越を歩いていると、突然、南からの冷たい風が霧を運んできた。周囲が黒い雲に包まれたと思った瞬間、いきなり斜めに稲光が走った。同時に、耳をつんざくような雷鳴が響きわたる。同行していたカメラマンの菊池哲男さんとふたり、ハイマツの斜面を下って枝の下に潜り込み、ツェルトをかぶった。その間に、大粒の雨がたたきつけるように落ちてきて、周囲は夜のように暗くなった。甲高い音とともに稲光が闇を切り裂き、フラッシュの点滅のように辺りを照らす。私たちは姿

北穂高岳山頂から見た落雷（写真＝渡辺幸雄）

勢を低くして、雷雲が通り過ぎるのをただひたすら待つしかなかった。

約2時間後、雷雲が去って避難場所を出るときに撮影したのが右の写真である。このとき私たちにできたのは、一刻も早く低い場所に下りることだけだった。登山道は稜線上にあって、身を隠せるような場所はない。そこにとどまることは、自分たちが周囲よりも高くに位置することになり、雷撃の標的となりやすいのは明白だった。稜線で雷に出合ったら低いところへ退避、これが落雷対策の第一歩といえるだろう。

東沢乗越のハイマツのなかで激しい雷雨をやり過ごした（写真＝菊池哲男）

自力下山がどうしても無理なときには救助要請

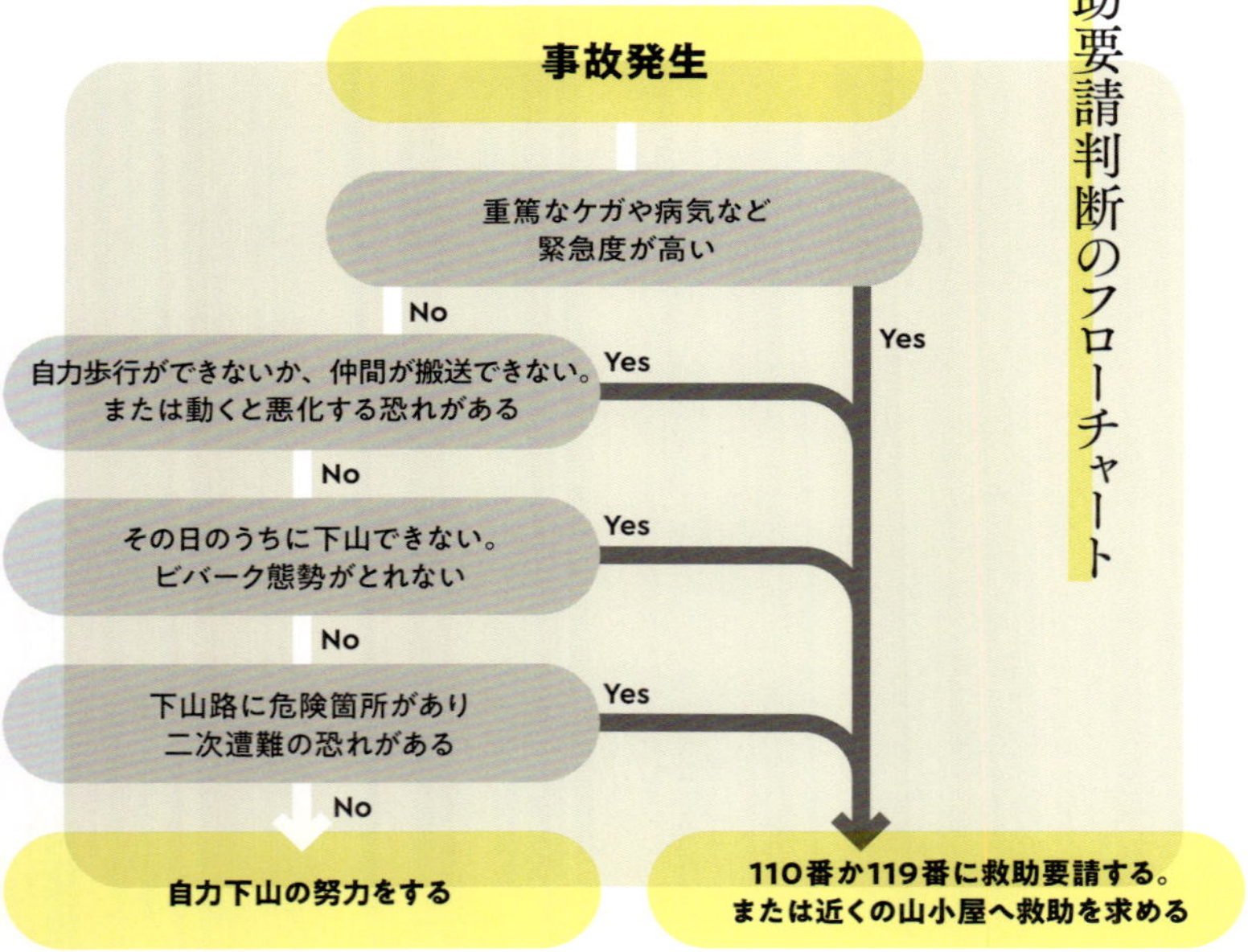
事故発生
重篤なケガや病気など
緊急度が高い
No
Yes
自力歩行ができないか、仲間が搬送できない。
または動くと悪化する恐れがある
Yes
No
その日のうちに下山できない。
ビバーク態勢がとれない
Yes
No
下山路に危険箇所があり
二次遭難の恐れがある
Yes
No
自力下山の努力をする
110番か119番に救助要請する。
または近くの山小屋へ救助を求める

救助要請判断のフローチャート

登山の基本原則は自己責任。自然のなかに身を置こうとする者は、そこで起きたことのすべてを自分で受け入れ、解決する努力をしなければならない。

ただ、そうはいっても、山の中では予想を超えたアクシデントに遭遇することがある。事故に遭ってしまったとき、どの段階で救助の要請をするべきか、判断の流れを上に図式化してみた。

登山者は自力下山の努力をすることが基本だが、やむを得ない場合には１１０番か１１９番に電話連絡をして救助要請するか、近くの山小屋に救助を求めるしかない。緊急時には当事者が判断しなければならないことだ。万一のときに動揺しないよう、事前に救助要請のシミュレーションを考えておくようにしよう。

救助を待つためにもツェルトは必携装備

ビバーク用の軽量ツェルトは重さ150gでこの大きさ

頭からすっぽりかぶって雨風をしのぐ。最大3人まで使用可能だ

ツェルトの内部はこんな感じ。空間を広げるために、中で傘を差すのもいい

事故を起こしてしまったとき、救助を待つ間に頼りになるのがツェルトである。ツェルトはビバークの際に使用することがメインだと思われているかもしれないが、もっと積極的に使用するべき頼もしい用具なのだ。

母校の山岳部の監督をまかされていたころ、3人の学生と谷川岳の岩登りに出かけたことがあった。一ノ倉沢の南稜を登り、一ノ倉岳から谷川岳へと縦走。そして西黒尾根の下山中に事故が起きた。ひとりの学生が転倒して足首を捻挫してしまったのである。

緊張の連続だったクライミングのあとで、疲れがあったろうし、下山に際しての気の緩みもあったかもしれない。幸い、足首をテーピングで固定すると、痛みは残るが歩けないほどではないという。結局、この日は荷物を分散し、交代で肩を貸しながらマチガ沢出合まで時間をかけて下山することができた。

このときに活躍したのがツェルトである。晩秋の月夜のなか、体を冷やさないよう、休憩のたびにツェルトを出して保温に努めた。この一枚の生地が外気を遮断し、どれだけ頼もしい存在であったかと、あとで学生たちが述懐している。

動けなくなったときに限らず、雨や風、冷気から身を守るシェルターとして使うことが、ツェルトの積極的利用法なのである。山の必携装備として、常に持ち歩くようにしよう。

ツェルトの設営方法を知っておこう

ストックを支柱にしたツェルト設営法

1 ペグを使って四隅を固定し、ストックの先端をツェルトの屋根の末端にセットする

2 ストックの長さを調整しながら、テントの支柱のようにしてツェルトを立ち上げる

3 石突きを上にして、先端にキャップを付けると張り綱をセットしやすい

4 ストックが垂直になるよう、張り綱を左右均等に、少し緩めに固定する

5 反対側の張り綱を固定してから、両方の支柱が垂直になるように微調整する

6 ツェルトの底は割れているので、四隅を固定する前に結んでおくこと

7 設営完了。シワができないようにピンと張れているかチェックしよう

8 暗いなかでも素早く設営できるよう、山に行く前に練習しておくといい

立ち木を使ったツェルト設営法

インク・ノット

ロープを立ち木に結ぶ方法は何でもいいが、素早く結べて張り方の強度を調整しやすいのがインク・ノット（クローヴ・ヒッチ）だ。緩まないように末端処理（ツー・ハーフヒッチなど）を施すことを忘れないように

クレムヘイスト・ノット

軽量カラビナと細いスリングをセットにして用意しておくと、ツェルトの屋根をピンと張ることが簡単にできる。ロープに3、4回巻き付けてから輪（写真では左手の中指）に通し、ツェルトの屋根の端にカラビナを掛けて結び目をずらせば、しっかり張ることが可能だ

3～4mの間隔で並んで生えている立ち木を探してロープを結ぶ

ベンチレーターにロープを通し、反対側の木に結び付ける

四隅を固定し、屋根の両端を、スリングを使ってロープに固定する

ツェルトとは、ドイツ語のZeltsackが語源で、本来はテントそのものを意味する。日本では通常のテントと区別するため、主に「ビバークなどに備えた緊急用の小型簡易テント」といったイメージが強い。とはいえ、テントであることにはちがいないので、きちんと設営する方法を知っておくといいだろう。

簡単なのは、ストックを支柱の代わりにして設営する方法だ（右ページ参照）。しっかり張ることができれば、居住性は普通のテントと大きく変わらない。また、支柱になるものがない場合は、立木を使って設営することも可能である。

いずれの方法も、設営には慣れが必要になるので、山に行く前に練習しておくことが大切だ。

危険動物への対処法

できればお会いしたくない動物たち

クマにはまず出合わないようにすることが大切だ。クマよけ用の鈴などでこちらの存在を知らせるようにするといい。写真は北海道に棲むヒグマ（写真＝太田達也）

↑こちらの存在をクマに知らせるためにクマよけ鈴は有効。写真はホイッスル内蔵のカラビナ付きのもの

↑クマに遭遇してしまった場合には、大声を出さず、背中を見せて走って逃げるようなことはせず、相手を刺激しないようにゆっくり後ずさりしてその場を離れよう。クマ撃退スプレーは、相手が襲ってきたときの最後の手段と思っておいたほうがいい

→オレンジ色のセーフティ（安全装置）を外して噴射する。射程距離は5～10m程度なので、かなり引き付けてからでないと効果は少ない

山で出合いたくない動物、その筆頭はなんといってもクマだろう。登山者が襲われる例はそれほど多くないとはいえ、やはりその存在は恐怖以外の何ものでもない。

私も過去に3度ほどお見かけしたことがあるが、最もお近づきになれたのは早池峰山の旧登山道でのことだった。気がついたら約10m先の林の中に、そいつはいた。このときは「相手のほうを見ながらゆっくり後ずさりして逃げる」というセオリーどおりに行動して事なきを得たのだが、写真を撮っている余裕がまったくないほど緊張したことを覚えている。

ほかにもサルの軍団に囲まれたり、カモシカの落石攻撃を受けたりしたことはあるが、やはりクマへの対策だけはしっかり取っておきたいものだ。

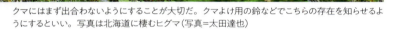

Column

ハチは黒い服がお好き？

印はハチに刺された箇所

蜂に刺される前のふたり。もちろん、まだ余裕の表情

じつはけっこう
腫れている

手当てはしたものの、痛みをこらえて歩く菅沼さん

→無事だった私。その違いは服の色だった

山と渓谷社の研修登山という目的で、ふたりの若手社員と沢登りに行ったときの話である。その日は笛吹川釜ノ沢を遡行していた。

アクシデントが起きたのは両門の滝を越えた先の上流部だった。私が先頭で滝を高巻いている最中、後ろからついてくる菅沼さんが「あっ、痛ッ」と小さく叫んだ。その後ろを歩く伊藤くんが「ヤバッ、ハチだ！」と叫び、猛然と追い上げてくる。至急その場を離れるべく、ヤブを駆け抜けて河原へと脱出した。

被害状況は、菅沼さんが両腕に1カ所ずつ、伊藤くんが腕と足に1カ所ずつ、クロスズメバチに刺されていた。私はまったくの無傷だった。同じ場所を歩いていたのに、その違いは何だったのだろうと考えたとき、「ハチは黒いものを攻撃する」という性質を思い出した。そう、ふたりとも刺された場所は、まさに黒いシャツとタイツの部分だったのである。

その後、ふたりをポイズンリムーバーで手当てする。レスキューキットに入れておきながら、長い間、本番で使う機会に恵まれなかった道具なので、ちょっとワクワクしながら毒を吸い出しにかかった。でもコレって本当に効くのか？

傷口から毒液らしきものが出てくるのを確認しつつ、菅沼さんの左右の手で吸引の回数に差をつけてみた。翌日、仮説は実証された。吸引回数の少なかった右腕のほうが、確実に大きく腫れていたのである。

教訓。ハチ刺されにポイズンリムーバーは効果的である。ただし作業の手を抜かないように……。

Column

戦慄！　北岳バットレスの岩雪崩

「山で出合う恐いものは？」と聞かれたら、私は即座に雪崩、落雷、落石と答える。上から落ちてくるもの、自分から避けようとしてできないものは、やはり恐ろしい。長い間、山に登っていると、それなりに命の危険を感じるような体験をすることが何度もあるが、思い返せば要因のほとんどが「上から落ちてくる」ものだった。

1992年の秋、私は『山と溪谷』の連載「日本のクラシックルート」取材のために北岳バットレスを訪れていた。同行者はモデル役の山野井泰史とカメラマンの保科雅則。私はディレクター兼モデル兼サブカメラマン兼ライターという立場で、このパーティの責任者でもあった。

バットレスに取り付くために、大樺沢の支流の沢を登っていたときのことだった。正面に見えるC沢大滝付近から小さな石が落ちてきた。それは私たちの近くを一瞬にして通り過ぎ、はるか下の大樺沢本流付近まで転がっていった。その数分後にもう一度、小さな落石。なんとなく危険を察知した私たちは沢筋を離れ、第五尾根に向けて左に大きくトラバースしてロープを結び合った。

第五尾根支稜に取り付き、2ピッチ目を山野井がリード中のことである。突然、バットレスが轟音に包まれた。腹の底に響くゴゴゴゴゴという重低音に続き、数千発もの花火が炸裂したかのような甲高い衝撃音が谷間に響きわたる。瞬時に頭を壁に近づけて身を守る体勢をとりながら、音の方向に目を向けると、そこには恐ろしい光景が広がっていた。

→第四尾根を登る山野井泰史

→C沢大滝の岩雪崩。滝を落ちるのは水だけにしてほしいものだ

↓北岳山頂の萩原と山野井

→滝の上には落ちそこねた岩塊が次の出番を待っていた

C沢大滝の周辺に白煙が上がっている。そのなかに黒い物体が宙を舞っているのが見えた。岩雪崩だ。しかも、かなり大きい。

飛散する岩のなかには、遠目に見ても軽自動車並みとわかるサイズが含まれている。ある岩は地面をえぐって黒い土を露出させ、またある岩は岩盤に当たって大きくバウンドしながら白煙の中に消えていった。そして落石が集中する真下には、つい30分前に私たちが歩いていた踏み跡があった。

第四尾根に移り、C沢を見下ろして初めて岩雪崩の原因がわかった。大滝の落ち口付近が真新しい岩塊で埋め尽くされている。この季節、岩に染み込んだ水が凍って膨張し、剥離した岩が重なって落ちたのだろう。しかし、これほどの落石予備軍が滝の上に待機していたとは誰も想像できなかった。

生と死の分岐点。このとき我々を生に導いてくれたのは、ただ単に「運」だったのかもしれない。

写真＝保科雅則

Chapter 6

第6章

山の楽しみ

登山口と頂上の往復運動だけが
登山ではない。
そこで何を見て、何を感じたのか、
心の満足度こそが
山の価値を高めてくれる。
山行を豊かにする写真術や、
高山植物・動物、山の名著などの
話をまとめてみた。

登山の面白さというものは、登山口と頂上を線で結んだ移動行為だけにあるのではない。途中で見たり聞いたり調べたり、好奇心をたくましくして、山で出会ったさまざまなものに興味をもつことによって、山の面白さはいっそうの広がりを見せる。山の中で、どれだけ面白いことを見つけ出し、体験することができたのか、そうした思い出の集積こそが、山の満足度を推し量る指標となるのだ。

思い出に残る山行のためには、入山前に下調べをしておくことだ。たとえば槍ヶ岳に登ろうとするならば、気になる地名を調べてみるといい。そこから好奇心の旅が始まる。

明神には穂高神社と嘉門次小屋があるが嘉門次って誰？

穂高神社奥宮の御祭神は？

徳沢は井上靖の小説『氷

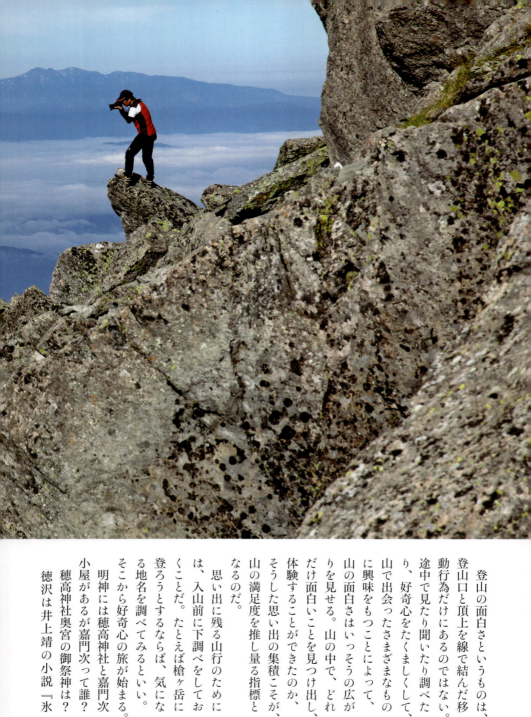

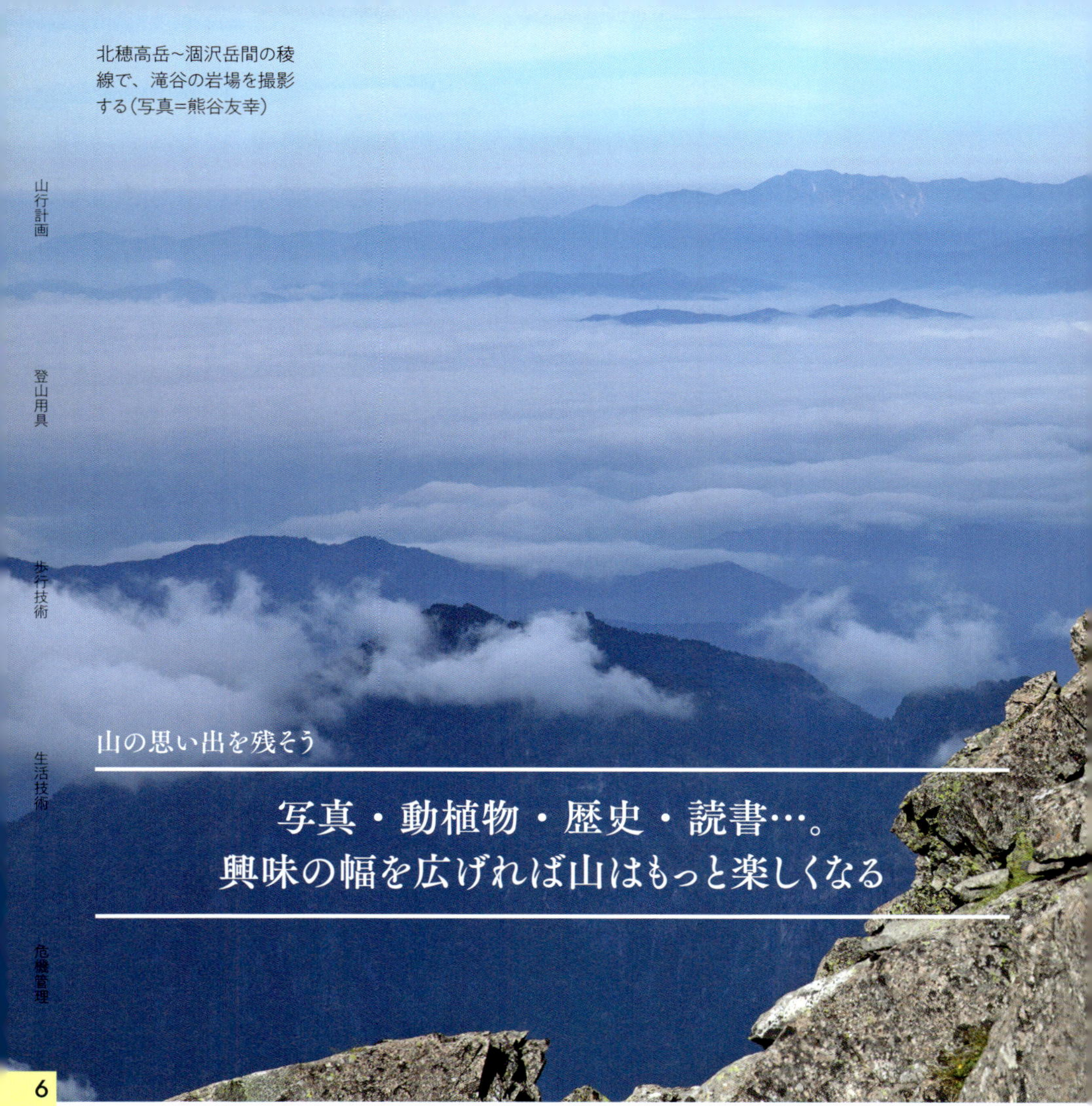

北穂高岳～涸沢岳間の稜線で、滝谷の岩場を撮影する（写真＝熊谷友幸）

山の思い出を残そう

写真・動植物・歴史・読書…。興味の幅を広げれば山はもっと楽しくなる

壁』にも出てくる場所だが、ナイロンザイル切断事件が起きた前穂東壁ってどこ？

横尾から見える屏風岩の初登攀はいつごろ、誰が？

播隆窟に名前を残した播隆上人ってどんな人？

槍ヶ岳の、加藤文太郎と松濤明が逝った北鎌尾根とはどんなところなのだろう？

それぞれの場所にまつわる情報を調べるだけでも、かなりの知識が身につくことだろう。そしてその知識を基に山へと赴けば、興味はさらに深いところに向かうはずだ。

そして、実際に出かけた山で見たこと、感じたことを、記録にとどめることもまた、山の楽しみのひとつといえる。写真やスケッチ、紀行文……。思い出を記録に残し、次の山へのステップにしてはいかがだろうか。

何を見せたいのか、大切なのは主題を整理すること

山の思い出を形に残すには写真が一番。ここでは、より印象的な写真を撮るためのコツをいくつか紹介する。

構図はテーマを絞って

山の写真で大切なのは、自分がいちばん見せたいと思っていること・もの（主題）を頭の中で整理してから構図を決めることだ。山の高さなのかボリュームなのか、光なのか雲なのか、伝えたい部分を強く意識して切り取るかどうかで写真の印象は変わってくる。何も考えずにあれもこれも撮ろうとすると、印象が散漫になってしまう。

朝の光を大切に

山の表情をしっかり写したければ、朝の光を逃さないようにしよう。早朝の斜めの光線は山の尾根に陰を作り、明

風景

空の空けすぎに注意。足元まで気を配って花を生かす

「This is 尾瀬」といったミズバショウと至仏山の写真だが、画面の中心に山の頂上を持ってきたため、半分以上の面積を空が占めるようになってしまった。無造作にシャッターを押すと、このような構図になりやすい

↓

ミズバショウの花（仏炎苞）と至仏山の高さを表現するため、画面手前の花々をしっかり写し込める画角を選択。さらに空の面積を切り詰めて山の高さとボリューム感を出した。川面に残雪の白が映り込み、画面全体の透明感も増している

高山植物　花びらの透明感は逆光を利用して柔らかく

真上からの光で花を撮ると、どうしても色彩がベタッとした印象に。さらに影が強く出てしまうため、コントラストがつきすぎて硬い写真になる

半逆光で花びらをとらえると、柔らかな透過光がミヤマオダマキの薄紫と白の上品な色調を爽やかに再現してくれる。さらに背景がボケることによって主題である花が浮かび上がり、印象的な写真となった

動物　被写体をセンターに置かない。目線の先に空間を作る

オートフォーカスで動物を狙うと、つい、面積の大きな胴体にピントを合わせてしまいやすい。説明的な写真としては合格点だが、ライチョウの動きが固まって見える

周囲の状況がわかるような画角を考えるなら、目線の先に空間を作ることが大切。それによって、色づき始めた秋の草々が彩りを添え、冬毛に変わりつつあるライチョウとの対比が移りゆく季節感を感じさせてくれる

暗のコントラストが効いた立体感のある写真となる。また、空気が冷えているため水蒸気による濁りがなく、透明感も出るはずだ。

曇りの日は花を撮ろう

太陽が雲に隠れていると、大きな風景は光のないフラットな画面となり、色調も再現されず、寂しい写真になりがち。そんなときは花を写そう。曇り空だからこそ光が均等に回り、花本来のやさしい色合いが表現できる。

天気の変わり目がチャンス

風景写真で画面に力を与えてくれるのは雲の存在だ。青空だけの写真は動きがなく、おとなしく見えてしまう。天気の変わり目に光をとらえ、ダイナミックに雲を絡めて狙ってみるといい。

花の撮影は接写に強いコンデジで

花は接写モードでラクラク

高山植物の撮影は、一眼レフカメラにマクロレンズを付けて三脚を使うのが王道だが、コンパクトデジタルカメラの接写モードを使えば誰でも手軽に撮ることができる。目で見たよりもクローズアップで撮影できるので、気軽にどんどん撮ってみよう。ただし前ページで紹介したように、晴れた日の強い日差しの下だと影ができてしまうため、体や傘を使って影が出ないようにして撮るといい。写真はシナノキンバイの大輪をコンデジで接写したもの。

何げなく素通りしてしまう大きなオオカサモチも、近くに寄ってみると線香花火が煌くような表情を見ることができる。日差しのない雨上がりの道端で、雫を蓄えた花の表情を防水コンデジの接写モードでとらえてみた。

花の名前は漢字で覚えるといい

コイワカガミ（小岩鏡）

表面のツルツルした葉っぱが鏡のようだということで名づけられた（写真奥）。同じような環境に咲くイワウチワ（岩団扇）は、広めの葉が団扇に似ていることが由来だ

チングルマ（稚児車）

花が散ったあとの花穂が、子供の遊び道具である稚児車（風車）に似ていることからこの名がついた。草に見えるが、立派なバラ科の植物（木）で、紅葉も美しい

クルマユリ（車百合）

名前の由来は「葉っぱが車輪のように円形に広がっているところから」といわれている。たしかに葉は丸く四方に広がって、車輪のようだ

独断で選んだ

山で会いたい高山植物 Top 3

キタダケソウ

南アルプスの北岳だけに咲く固有種。花の時期が6月中旬から7月上旬と、ちょうど梅雨の真っ只中だが、花を目当てに登る人も多い。咲く場所は決まっているが、周囲に咲くハクサンイチゲやチョウノスケソウと間違えないように注意しよう。見分けるポイントは葉っぱ。写真のようにパセリに似た葉がキタダケソウの特徴だ。

ハヤチネウスユキソウ

東北の早池峰山に咲く固有種で、日本に咲くウスユキソウ(薄雪草)の仲間のなかで、最もヨーロッパのエーデルワイスに近いといわれている。山頂付近の蛇紋岩地帯に7月から8月にかけて咲く。薄い綿毛をまとった清楚な花(中央の黄色い部分)が愛らしく、この花に会うために登ってくるファンも多い。

コマクサ

その独特な花の形と希少性から「高山植物の女王」と呼ばれている。北アルプスでは燕岳や蓮華岳、烏帽子岳周辺の群落がよく知られており、八ヶ岳の硫黄岳周辺や岩手山などでも多く見ることができる。砂礫地に他の植物と混成することなく、ピンクの可憐な花を咲かせるため、その孤高の存在はまさに女王の名にふさわしいといえるだろう。名前の由来は、花の形が馬(駒)の顔に似ているから、とのことだ。

（写真提供＝中西俊明）

山の楽しみのひとつに、高山植物との出合いがある。下界では見ることのできない可憐な花々は、ただそれを見るためにだけ、登山計画を立てるくらいの価値がある。

花の名前がわかると、より親しみが湧いてくる。時間に余裕のある山行では、図鑑を片手に花の名前を調べながら登るといい。漢字表記のある図鑑ならば、漢字の意味でその花を覚えやすくなるので便利だ。

また、お気に入りの花を見つけたら写真に残そう。最近のコンパクトデジタルカメラは接写に強いものが多いので、誰でも簡単に撮影できる。

ただし、花に近づきすぎるあまり、道から外れないように注意。その一歩が雨の通り道を作り、花の根を流してしまうことがあるからだ。

身近に見られる山の生き物

→白馬大池近くに「雷鳥坂」という地名があり、ライチョウをよく見かける

ライチョウ

氷河時代の生き残りといわれ、北アルプス、南アルプス、乗鞍岳、御嶽山、火打山などの高地に生息する国の特別天然記念物。人をあまり恐れないため、穂高連峰や北岳、白馬岳などでは登山道の脇で比較的多く目にすることができる。特に初夏には登山道を散歩する親子の姿が愛らしい。近年は生息数の減少が叫ばれており、豊かな自然環境の象徴であるライチョウをどうやって保護すべきか、具体的な対策と体制づくりが必要とされている。

←北穂高岳の急峻な岩場に住むライチョウの親子

↑西上州の山で見かけた生後間もないカモシカの赤ちゃん

カモシカ

北アルプスや八ヶ岳などで出合う機会の多いカモシカだが、好奇心が旺盛で、人の姿を見ると立ち止まってジッとこちらに視線を送ってくる。人から危害を加えられることはないと信じ込んでいるのか、その姿はまったく無防備で、こちらもじっくり観察することができる。春の出産シーズンには、ヤブ山のなかで生まれ落ちたばかりの子を見かけることも。カモシカと言いながら、じつはウシの仲間だ。

南八ヶ岳では人に慣れたカモシカをよく目にする

ニホンザル

昔はそれほど多く見かけることのなかったニホンザルが、山の上にどんどん上がってきている。北アルプスの涸沢や大天井岳では普通に見られるようになってしまったし、南アルプスの間ノ岳の稜線上でも軍団を目にするようになった。観察してみると、ハイマツの実が好物のようで、ときおり地表の花々もむしって食べていた。高山植物を高山食物にされては迷惑な話である。冬の上高地ではヤナギの樹皮がはがされて立ち枯れの原因になっている。無邪気に遊ぶ子ザルはかわいらしいが、道端に糞(かなり臭い)を撒き散らすのはかんべんしてほしいものだ。

↑梓川沿いの歩道の脇で見かけたサルの赤ちゃん
→人が近寄っても逃げることのない上高地のサル

キタキツネ

北海道の山を旅していると、かなり高い確率でその姿を見かけることがある。警戒心が強く、人との距離を常に測りながら行動しているが、一部には観光客に慣れた観光キツネが問題になっているとも聞いた。キタキツネはエキノコックスという寄生虫の宿主になっている恐れがあるため、見かけても接触しないように気をつけよう。初夏、草原で子ギツネたちが遊ぶ姿を見るのはほほえましいものだが、周辺の沢水はエキノコックスに汚染されている可能性が高いので決してそのまま口にしないように。

オコジョ

とにかくすばしこい生き物である。昔、白山の南竜ヶ馬場ケビンに泊まったとき、一匹のオコジョが小屋に紛れ込んできて、さんざん暴れ回った揚げ句に逃げていった。一瞬たりとも動きを止めず、クレー射撃のようにカメラを振り回して撮影しようとしても、ファインダーに全身を収めることができずに深い敗北感を覚えたものだった。この写真は穂高の岳沢登山道で待ち伏せして撮影したもの。かわいらしい顔をしているが、なにげに獰猛なイタチ科の肉食獣でもある。

ヒメネズミ

とにかく小さい。親指の先くらいしかない。カレーライス用のスプーンに簡単に載せることができるだろう。小さくて見つけにくいわりに、道の脇でバッタリ出合ったことが何度かある。枯葉の上と下を出たりもぐったり。小さな手足で一生懸命生きる姿に心を打たれた。でも、簡単にヒトに見つかってしまうようではいけない。ほかの動物たちもヒメネズミが大好きなのだ。キツネさんやオコジョさんはこう思っているにちがいない。「食べてしまいたいくらいかわいい」と。

ヤクシカ

屋久島の登山道を歩いていると、そこらじゅうで遭遇する小型のシカで、ニホンジカの亜種とされている。背が低く、おだやかな表情をしていて、あまり人を恐れることはないようだ。登山道を歩いていたら突然、ヤブから現れて、しばらく近くを並行してついてきたこともあった。本州のニホンジカ同様、ヤクシカ密度が増えて食害による森林生態系への影響が出始めているのが気がかりでもある。

山が差し出す、すべてのものに感謝

北穂高岳山頂の夜景

星空観察

街の明かりから隔絶された山の夜は、星空観察の絶好の場所となる。都会では探すことが難しい天の川も、山の中ではクッキリとその姿を見せてくれることだろう。近年はデジタルカメラの性能が上がり、誰でも手軽に星空を撮影することができるようになった。また、天体アプリを使えば星座観測も容易にできる時代である。晴れた日の山の夜は、しっかり防寒対策をして、星を相手に過ごす時間を作ってみたらいかがだろう。

地球の鼓動を実感

日本には、活発な火山活動のため頂上に近づけない山も多いが、なかには噴気孔の近くに立ち寄ることのできる山もある。那須の茶臼岳はその典型で、無間地獄と呼ばれる山頂の北側斜面では、盛んに水蒸気を上げる噴気孔のすぐ近くを登山道が通っている。シューシューと、うなりを上げて煙を吐く噴気孔と、そこから湧き出る熱湯や、鮮やかな硫黄の結晶を見ると、地球もまた生きていると実感できることだろう。また、火山が創り出した雄大な自然景観そのものも、観察の対象として興味深い。なお、火山に近づく際には、気象庁が発表する噴火警戒レベルを事前に確認した上で行動するようにしよう。

那須連峰・茶臼岳の無間地獄

阿蘇山杵島岳から見た中岳火口

山の歴史を知る

あらためて言うまでもなく、明治時代に近代登山の概念が確立されるまでの日本人と山との間には、宗教が密接に関わっていた。つまり信仰の対象としての山である。それぞれの山の歴史を調べてみると興味深い話が尽きることなく、地名の由来や、史跡が存在する意味などを考えてみるだけでも楽しい。深田久弥は、日本百名山を選ぶ際の基準として「山の品格」「個性」のほかに「歴史」を入れていたが、歴史に興味をもつことは山登りの活動に深みを与えてくれるはずだ。写真は大峰山の山上ヶ岳。女人禁制とされている山の歴史を調べるだけでも、山を歩くことと同等の充足感が味わえる。

←巨大な不動明王の像も

山上ヶ岳の登山道周辺には
数々の石碑が立てられている

那須・中の大倉尾根のオオモミジ

南会津・三岩岳のブナ

紅葉の森を訪ねる

明治から昭和初期にかけて活躍し、数々の著作を残した登山家・大島亮吉の随想集に「春に行ってよかった山へは、秋にもまた行こう」という一文がある。さりげない言葉だが、日本の山の魅力を端的に言い表しているといえるだろう。広葉樹に恵まれた日本の山は、四季の変化を森の色彩が鮮やかに表現している。そして春の新緑が美しい山は、秋の紅葉も大いに期待できるというわけだ。全山、金色に色づくブナの森も魅力的だし、ナナカマドやモミジの仲間の赤い色も、ひときわ目を引く。森の色づきを楽しみにして山行計画を立てるのも面白い。

ブナの新緑に会いに行く

雪解けが始まる4月、東北の山に登ってみると、真っ白な雪山に幾筋もの緑の帯を見ることがある。それは沢の周囲から順に雪が解け、ブナの新緑が沢に沿って上流へ上流へと面積を広げていく過程に見られる現象だ。やがてブナは足元の雪をものともせず、芽鱗を脱ぎ去って空に伸ばした梢の先にライトグリーンの葉を開かせる。一年の中でいちばん、森の生命力を感じられるときだ。まだまだ残雪の多いこの季節、雪山技術の基礎を身につけて、芽吹きのブナ林を逍遥する山歩きを楽しんでみたい。

武尊山・剣ヶ峰山周辺のミニ・スノーモンスター

赤城山・黒檜山山頂付近の霧氷の森

霧氷・樹氷の造形を楽しむ

日本は世界的に見ても豪雪の国として知られている。大陸からの冷たい季節風が日本海の湿った空気を伴って雪雲をつくり、山に当たって大量の雪を降らせる。そのときに、0℃以下でも凍らない過冷却水滴がアオモリトドマツなどの樹木に吹き付けられて凍り、大きく育ったものが樹氷である。八甲田山や蔵王連峰などの山頂付近には巨大な樹氷の森が出来上がり、「スノーモンスター」などと称されている。霧氷は文字どおり過冷却された霧粒(微小な水滴)が木々の枝に付着して氷となり成長したもので、風が弱いときにできる、はかない命。日中、気温が上がるとパラパラ落ちてしまう。こうした雪の造形を楽しむことができるのも日本の山の魅力といえるだろう。

山の書に親しみ、知識の幅を広げよう

厳選された山の名著が盛りだくさん
山の本といえば
「ヤマケイ文庫」

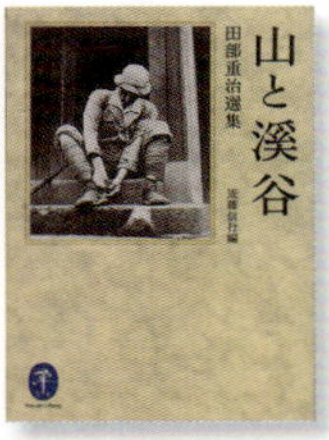

山と溪谷 田部重治選集

田部重治

雑誌『山と溪谷』の名前はこの著から。先駆的登山の主要な紀行と随想を収録

新編 風雪のビヴァーク

松濤 明

壮絶な遺書を残して北鎌尾根に消えた希代のアルピニストの足跡。遺書も完全収録

新編 単独行

加藤文太郎

全登山者必読。「孤高の単独行者」が残した不朽の名著、解説付きの完全版

垂直の記憶 岩と雪の7章

山野井泰史

ヒマラヤの大岩壁に懸けた半生を綴る。ギャチュン・カン北壁からの生還劇も収録

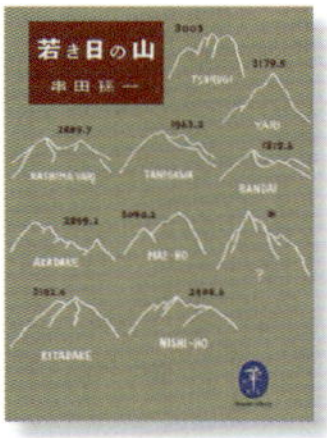

若き日の山

串田孫一

山の文学に深みを与え、新しい視野を開いた串田孫一の、処女作にして不朽の名作

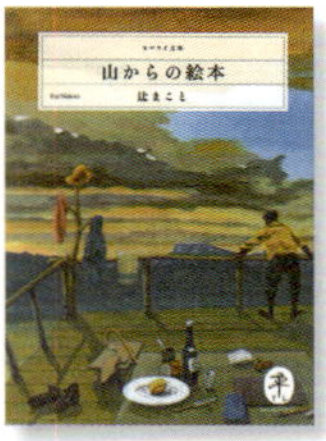

山からの絵本

辻 まこと

豊かで独特な山の世界を描いた辻まことの代表的な画文集を文庫化

ナンガ・パルバート単独行

ラインホルト・メスナー著／横川文雄訳

ヒマラヤ登山の常識を変えたメスナーの8000m峰完全単独登攀の記録

星と嵐 6つの北壁登行

ガストン・レビュファ著／近藤 等訳

「山の詩人」レビュファが残したクライマー必読の山岳登攀紀行

処女峰アンナプルナ

モーリス・エルゾーグ著／近藤 等訳

人類初の8000m峰登頂の壮絶なドラマを綴った「海外版」山の名著

山は知れば知るほど面白い 知識の泉「ヤマケイ新書」

山の神さま・仏さま
太田昭彦

山が与えてくれるパワーの存在を知れば知るほど山が好きになる。面白くてためになる山の神仏の話

日本の山はすごい!
山と溪谷社編

世界に誇れる日本の山の実力を知っていますか? 「山の日」に向けて出版した日本の山讃歌

「山の不思議」発見!
小泉武栄

「?」の感性をもって山を見つめると新たな現象が見えてくる。「謎解き登山」のススメ

現代ヒマラヤ登攀史
池田常道

1950年のアンナプルナ登頂から今日に至るまで、8000m峰登山の歴史と未来を解説

明解日本登山史
布川欣一

信仰登山から現代クライミングまで、エピソードを基に日本人と山の関係を解き明かす

山の常識 釈問百答
釈 由美子・萩原浩司

釈さんの素朴な山の疑問やユニークな難問に萩原編集長が答える、登山初心者必読の基礎知識集

日本の山を数えてみた
武内正・石丸哲也

地形図に記載された日本の山は約1万8000。分析したら意外な事実が。データで読み解く山の秘密

山の名作読み歩き
大森久雄

豊かな山の世界を綴った紀行、記録、エッセー、詩歌のアンソロジー。読んで楽しむ山の本

登山が他のスポーツと大きく違うところは、山に関連する書籍がひとつのジャンルとして確立されているということだ。山の世界には「名著」と呼ばれる本も多く、そうした本との出合いは登山者の感性を磨き、思索するこころをはぐくむ。情緒豊かな名文が誘う山書の世界を訪ねてみてはいかがだろう?

また、山をめぐるさまざまな博物学的知識も、突き詰めていくと楽しい。山にまつわる歴史や動・植物の話、環境問題や民俗学なども、知れば知るほど、山登りが楽しくなってくるはずだ。

具体的に推薦したい本は数多くあるが、誌面の都合で、ここではヤマケイ文庫とヤマケイ新書の一部を紹介する。いずれも、私が編集にかかわった好著ばかりだ。

山での「?」を忘れないようにしよう

見上げれば見事な紅葉

いちばん早く色づいた木は、いちばん早く枯れてしまうのだろうか

紅葉の木の足元は丸裸にされていた

10月初旬、祖母山の森の中に、1本だけ紅葉しているコハウチワカエデの木を見つけた。緑の木々に交じって、ひときわ目立つ赤い葉。思わず木に近づいた私は、そこで見たくないものを見てしまった。

きっとシカの仕業だろう。ちょうどシカが首を伸ばした高さを頂点に、樹皮がきれいにはがされていたのである。

樹皮をグルリとはがされてしまうと、根から吸い上げた養分の循環が阻害され、最悪の場合、木が枯れてしまう。この木だけが特別に早く色づいたのは、養分の遮断が紅葉のメカニズムに影響を与えたからだと予想される。

ひと足先に秋の装いを施したこの木は、来年の秋を迎えられないかもしれない。そう思うと、鮮やかな葉の赤が、悲しみの血の色に感じられた。

山の楽しみといえば、最後はやっぱりコレでしょう

歩いてきた道を露天風呂から眺める喜び

↑10月中旬、完全な雪山となった十勝岳に登ってみた

←富良野岳の登頂は深い雪のために断念。下山後、十勝岳温泉の露天風呂から、敗退してきたばかりの山々を望む

湯船から見た山に登る楽しみ

↑大船山の頂上から見下ろす立中山と法華院温泉山荘。このあと、立中山、鉾立峠を経て久住山へと縦走した

→法華院温泉山荘で朝湯に入る。このとき、湯船から見えた立中山が気になって登ることに決めた

山から下りて温泉に入ったとき、思わず口にしてしまう言葉がある。

「あー、生き返った」

別に死んだわけでもないのに、なぜこんなことを言ってしまうのだろう。そしてそれがなぜ、こんなにもしっくりくるのだろう。

大げさに聞こえるかもしれないが、私は山に登ることを「命と向き合う行為」だと思っている。たとえばヒマラヤでの困難な登攀。そこに死の匂いを感じるからこそ生が輝く。あるいは初夏の中級山岳。緑の風が頬をなでるとき、全身の細胞が喜ぶのを感じたことはないだろうか。

下山後、生まれたままの姿で湯船につかったときに生を実感するのは当然のことなのかもしれない。私たちはきっと「山に生かされている」のだ。

Column

写真で伝える山の魅力

山と溪谷社に入社して最初のボーナスで購入したのが一眼レフカメラだった。ニコンFEのブラックボディにモータードライブを付け、標準・広角・望遠のレンズ3本を買ったら銀行口座の残高はしっかりマイナスになっていた。

新品のカメラを手に、私が向かったのは瑞牆山の十一面岩末端壁。当時、ここでは最先端のフリークライミングが行なわれていて、最難課題として知られていた「春うららルート」をトップクライマーの戸田直樹さんが挑戦中だった。その様子を撮影すべく、私は高さ70mの壁にロープを2本つなげてぶら下がり、股の間から戸田さんの表情を狙った。オートフォーカスレンズが実用化される前の時代、ジワジワと近づいてくる戸田さんの右目にピントを合わせるため、片手でカメラを保持しながら小指の爪の先でピントリングを回していたことを覚えている。このときに撮った写真が『岩と雪』編集部の目にとまり、96号の表紙を飾ることになった。

入社当時、私は『skier』編集部に配属されていたため、撮影技術は主にスキーカメラマンから学んだ。青木紘二さんからはカメラの構え方から被写体の狙い方まで、故・渡辺正和さんからは雪山での露出の計り方などを現場で教えていただいた。そんなこともあって、日本雑誌協会の代表取材班としてリレハンメルと長野の冬季オリンピック取材に派遣されることになり、私が撮影した日本チームのスキージャンプなどの写真が他社の有名スポーツ誌に使われたこともある。

最近では『DVD登山ガイド 穂高』の表紙と中ページも撮影した

ヤマケイ文庫の表紙にも自分が撮った写真を使うことがある

DVDアドバンスガイド 5巻分のパッケージ写真も担当した

『山と溪谷』では後輩をモデルにして表紙を撮影した

初のクライミング写真が表紙を飾った『岩と雪』96号

『山と溪谷』編集部に異動後も、クライミング関連の取材などでは自分がカメラマンを兼任し、その写真が表紙に使われたこともあった。プライベート山行でもカメラは必ず持ち歩くので、いい写真が撮れたときには今でも『山と溪谷』の特別記事を組んだり、単行本の表紙に使ったりすることがある。

山の魅力を伝えるために、映像という手段がとても有効だということはテレビに出演してよくわかったが、自分の力で山を表現するにはやはり写真と文章が基本になる。SNSで誰もが記録を発表できる時代になったが、私は今後も臨場感のある写真を撮影して、さまざまなメディアを通して山の魅力を伝えていきたいと考えている。

次の第7章は、私が山で実際に撮影した写真だけで構成してみた。季節ごとの、あるいは山域ごとの、それぞれの山の魅力を感じ取っていただければ幸いです。

Chapter 7

第7章

ガイド

数ある山のなかで、
具体的にはどのような
登山コースがおすすめなのか。
番組MCの釈由美子さん・
工藤夕貴さんとの
山行レポートをはじめ、
雪山や沢登りなども含めた
登山コースを各種、紹介する。

火山活動を間近に見られる北関東の雄峰 那須・茶臼岳

絶好の休憩ポイント、姥ヶ平

ひょうたん池から望む茶臼岳。噴煙を上げる斜面が無間地獄だ

地球の鼓動を間近に感じる無間地獄

茶臼岳から見下ろしたひょうたん池

関東平野をバックに茶臼岳に登る

那須連峰は関東平野の北の外れ、東北地方から下りてくる大分水嶺の一部を成す山塊である。その一番の特徴は、今も盛んに噴煙を上げる活火山であるということだろう。山上には背の高い樹木が茂らず、全山を通して視界が開ける。ただし、そのために強風にさらされる危険もあるので注意が必要だ。

アプローチが容易であることもこの山の魅力である。ロープウェイを使わなくとも、駐車場から頂上までのコースタイムは2時間を切る。そこで、頂上の大展望を楽しんだあとは山頂北面にある無間地獄や姥ヶ平を訪れることをおすすめする。水蒸気を盛んに吐き出す噴気孔や、ハイマツに囲まれた静かな池を巡ることで、この山のさらに深い魅力を知ることになるだろう。

季節を変えて日本最大の高層湿原を見に行こう 尾瀬・至仏山

尾瀬を代表する花、ミズバショウ

尾瀬ヶ原、中田代から見た至仏山。尾瀬のイメージ写真の定番スポットだ

水流が地下に消える竜宮

木道の縁を彩るリュウキンカ

尾瀬ヶ原の東には燧ヶ岳がそびえる

ミズバショウの群落で知られる尾瀬ヶ原だが、花の最盛期は夏ではなく5月下旬から6月初旬。尾瀬の超定番ともいえる上の写真を撮影したのも5月30日のことだった。至仏山の頂上付近には雪が残り、草原の芽吹きにはまだ早い、風の冷たい一日であった。

群落の背後にそびえる至仏山は、この季節、残雪が多く、植生保護のために入山が規制されている。5月初旬から6月中は登山道が閉鎖されていることがあるので注意しよう。至仏山に登るには、ニッコウキスゲやワタスゲの群落が楽しめる真夏や、原全体が草紅葉でキツネ色に染まる秋、あるいは雪に埋もれている5月連休前など（要、雪山技術。スキーが使えると楽しい）、変化を加えて登頂計画を立てるといいだろう。

初心者にやさしい百名山

頂上から楽しむ
関東平野の大展望

筑波山

西の彼方には東京の
ビル群の奥に富士の姿が見える

↑女体山から見た男体山と関東平野。
筑波山は男体山と女体山のふたつの頂をもつ双耳峰だ

←大きな口に小石を投げ入れる
運試しが人気のガマ石

女体山山頂付近のブナ林

縁結びの神としても人気の
筑波山神社

日本百名山のなかで最も標高の低い筑波山（877m）だが、その魅力は古くより多くの人々に語り継がれてきた。『万葉集』に最も多く登場する山という人気ぶりがそれを証明している。

登山者にとっての筑波山の魅力は、なんといっても独立峰ならではの大展望といえるだろう。山頂から見下ろす広大な関東平野。東京都心のビル群と、さらにその先には富士山が姿を見せる。晩秋から冬にかけては特に見逃せない。

そして筑波山は花を楽しむ山でもある。2月にはフクジュソウと山麓の梅が、4月になるとカタクリの花の後を追うように麓では桜が満開となり、5月にかけてツツジが見頃となる。山頂付近の巨岩、巨石のパワースポット巡りも併せて計画を立てると楽しい。

初心者にやさしい百名山

車山乗越にて
石が笑っていた

四季を通じて 誰もが楽しめる「遊ぶ山」

霧ヶ峰

起伏のおだやかな草原が続く霧ヶ峰は、時間にゆとりをもって、のんびり歩きたい

八島ヶ原湿原もぜひ訪れたい

レンゲツツジの最盛期は6月下旬

登山道の脇には観光客用のリフトが架かる

深田久弥は霧ヶ峰を「遊ぶ山」と称した。がむしゃらに頂をめざすのではなく、ときには寄り道などをして昼寝をする、そんな楽しみ方が合っている山なのだと、『日本百名山』で紹介している。

至言である。なにしろ今は最高峰・車山の頂上直下までリフトが延びているのだから。だからこそ登山者は発想を豊かにして、日本列島の中央にたたずむ広大な草原を「どう遊ぶか」、プランニングを楽しんでいただきたい。

車山から続く日本分水嶺の尾根、八島ヶ原の湿原、御射山付近の苔むした森や清流、そして古代の史跡など魅力が満載の霧ヶ峰。緑の草原に朱のアクセントを添える初夏のレンゲツツジや、真夏のニッコウキスゲの群落も一見の価値あり。遊び方は無限大だ。

展望抜群の登山道の先に
花の群落が待つ

伊吹山

長浜の夜景を眺めながらの夜間登山

←「伊吹」の名前がついた、爽やかな香りのイブキジャコウソウ　↑山麓の三島池から見る伊吹山

日本武尊が祭られた伊吹山山頂

午後遅くに満開となる三合目のユウスゲ群落

登るにつれ、背後には琵琶湖の展望が開ける

伊吹山の魅力は、なんといっても三合目から上に開けた草原状の山腹だろう。ヨーロッパ・アルプスの牧草地帯、アルプを連想させる、といったら褒めすぎかもしれないが、明るい草原の斜面を、道迷いの心配なく、展望を楽しみながら登ってゆく爽快感は、ほかの山では味わえない。

ただし真夏は日当たりがよすぎるため熱中症対策が必要だ。暑さを避けるためには夜間登山をおすすめしたい。琵琶湖の湖岸線が街の明かりに浮かぶ夜景を眺め、頂上で御来光を望み、夜露に濡れた花々が朝日に目覚めるさまを目にすれば、この山への印象はまた変わることだろう。

花の名山として知られる伊吹山。頂上のお花畑だけでなく、三合目のユウスゲの群落も必見だ。

初心者にやさしい百名山

大山

西日本最大級のブナ林と由緒ある寺社を巡る

山陰の名刹として知られる大山寺

五合目の周辺に広がる見事なブナ林を行く

弥山頂上に群生するダイセンキャラボク

六合目付近から展望が広がる

弥山から先、最高峰の剣ヶ峰への道は崩壊の危険があるため通行禁止

伯耆富士の別名から、大山がどこから見ても富士山のように整った円錐形の山だと想像すると期待を裏切られる。米子方面から見た大山はたしかに富士山の形だが、南面、北面から見ると、頂上稜線が屋根のように南北に延びて、切り立った壁が山頂に迫る厳しい表情をしている。そして壁の浸食が進んでいるため、最高峰の剣ヶ峰周辺は立ち入りが禁止されている。

ただし独立峰なので展望には恵まれている。弥山頂上付近からは日本海が眼下に、米子の街並みが意外な近さに姿を見せる。また、山腹に広がる西日本最大級のブナ林や、弥山頂上付近のキャラボクの大群落と、豊かな植生も見応え十分。下山後に大山寺の歴史探訪を加えればさらに充実することだろう。

Special Report

釈 由美子さんと登る「実践！ 奥穂高岳登頂」

北アルプスの初登山は穂高・涸沢

涸沢へのアプローチにて

槍ヶ岳をバックに奥穂高岳頂上手前の稜線を行く

奥穂高岳頂上にて。背後の岩峰はジャンダルム

「北アルプスに行きたい！」という釈さんのリクエストに対し、私は「まずは涸沢。条件がよければ奥穂高をめざそう」と答えた。せっかくなら天気のいいときに登ってほしいので、頂上は天候次第と、予防線を張っておいたのだ。妹さんも同行することになり、サポート役に山岳ライターの小林千穂さんを誘って上高地から入山する。

　徳沢のソフトクリーム、横尾のラーメンと、いつものルーティンどおりに案内したところで、釈さんのお父様が槍ヶ岳から下山されてきてメンバーに加わる。すっかり釈ファミリー登山隊となった一行は、涸沢ヒュッテに着くと、これまた定番のおでんと生ビールで入山祝いをした。

　翌朝は快晴となり、迷うことなく全員で頂上をめざす。

周囲を岩山に囲まれた涸沢の中心部。ここにいるだけでも十分にアルプス気分が味わえる

ザイテングラートを登り、穂高岳山荘で一休みののち、一番の難所である岩場に取り付いた。釈さんの後ろには心配そうに見上げるお父様の姿。しかし本人は緊張する素振りも見せずに後をついてくる。

急峻な岩場を抜け、緩やかな尾根に出たところで釈さんに声をかけた。

「後ろを見てごらん」

「え？　わぁ、すごい！」

そう。ここまで登ると、今まで見えなかった槍ヶ岳が突然、背後に姿を現すのである。

奥穂高岳の頂上に着くと、今度は正面にジャンダルムが現れた。足元には上高地の景色が広がる。河童橋も見える。その瞬間、釈さんの本日2度目の「わぁ、すごい！」が標高3190mの空に響きわたった。

後ろに見えるギザギザは前穂北尾根のスカイライン

北岳の下りから中白峰と間ノ岳を望む。おだやかな稜線は、まさに「天空の散歩道」だ

『にっぽん百名山』のスペシャル番組で「日本一」をテーマにした山の取材をすることになった。そこで思いついたのが「日本一高い縦走路」。日本第2位の北岳と第3位の間ノ岳をつなぐ稜線は、3000mの標高が最も長く続く「天空の散歩道」とも呼ばれている。ここを工藤夕貴さんと歩こうという話になった。

広河原から北岳肩の小屋に入り、翌朝、御来光を見るために暗いうちに小屋を出る。梅雨の真っ只中で天気が心配されたが、そこは私=晴れ男の本領発揮。北岳山頂は雲の上に頭を出していて、雲海の彼方から昇る荘厳な朝陽を眺めることができた。そして意外な近さに富士の姿を見つける。ここは日本一高い富士山の展望台でもあるのだ。

北岳山荘に余分な荷物を置

大樺沢二股でミヤマハナシノブを撮影する工藤さん

残月が西の空に沈もうとする夜明け前の北岳山頂

中白峰頂上台地に開店した「天空のカフェ」

Special Report

工藤夕貴さんと登る
「実践！ 北岳～間ノ岳縦走」

日本一高い標高3000mの縦走路を行く

いてから間ノ岳をめざす。この先はボリューム感あふれるおだやかな稜線となっていて、小さく登ると標高3055mの中白峰に到着する。天気はいいし、朝も早かったので、ここでコーヒータイムを過ごすことにした。風もなく、工藤さんこだわりの、ドリップコーヒーのふくよかな香りが3000mの空間に立ち昇る。富士と北岳と間ノ岳に見守られた山頂で過ごすおだやかな時間。この上ない、ぜいたくな天空のカフェだった。

　その後、道端を彩る花々やライチョウの親子に元気づけられて間ノ岳に登頂。天空の散歩道は、展望あり、花や動物との出合いありと、最後まで楽しませてくれる縦走コースであった。

荘厳な御来光に工藤さんの瞳が潤んだ

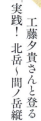

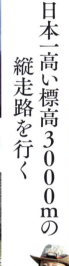

原始の香りを最も色濃く残した百名山

幌尻岳

↑チロロ川二岐沢二ノ沢を登る

戸蔦別岳から七ツ沼カールと幌尻岳を望む

夏、ミヤマキンバイの大群落に会える

七ツ沼カールを縁取るお花畑

コロボックル気分が味わえる巨大フキの林

日本百名山のなかで最も登りづらい山のひとつとして知られる幌尻岳。その理由は山の奥深さにある。頂上に至るコースはいずれも長く、ルートファインディングや天候判断などの技術が要求される。

最も利用者が多いのは、額平川を遡り、幌尻山荘を起点に登るルートだ。山小屋の事前予約が必要で、沢の遡行があるため慎重な行動が求められる。南面の新冠コースは沢の遡行がないものの、アプローチとなる19㎞の林道歩きが単調だ。チロロ川コースは山中での宿泊が必要となるため環境に留意したい。

山が深いということは、それだけ原始の状態が残っているということである。山の奥深さがそのまま山の面白さに比例するということを、この山でぜひ実感してほしい。

中・上級者向けの日本百名山

豊かなブナ林とたおやかな尾根が待つ東北の名峰 大朝日岳

朝日連峰の名水「金玉水」

小朝日岳から見た大朝日岳

がんばれば日帰り可能な古寺鉱泉口

大朝日岳の肩に立つ大朝日小屋

稜線を彩るコミネカエデ

朝日連峰は、飯豊連峰とともに東北地方を代表する大きな山塊だ。いずれも山腹のブナ林が見事で、森の美しい景観が入山時の急登のつらさを忘れさせてくれる。

そして樹林帯を抜け、尾根にたどり着いたときに目にするたおやかな尾根こそが、飯豊・朝日連峰の一番の魅力といえるだろう。冬の豪雪が夏には雪田となって草原状の尾根に散らばり、雪が解けたすぐそばから高山植物が花開いて道端を彩る。

そんな尾根道を堪能するためにも、この山はできれば縦走というスタイルで歩きたいものだ。自炊小屋に連泊する苦労をしてでも、最高峰の大朝日岳をめざして長く広い尾根道を歩く。これこそが朝日連峰の山を楽しむ一番の山旅といえるだろう。

残雪の春、花の夏、紅葉の秋、全部が見事！ 越後駒ヶ岳

枝折峠では早朝、
滝雲を見られることがある

道行山から見た越後駒ヶ岳

頂上直下に立つ駒の小屋

頂上に近づくにつれ視界が開ける

秋空を映す百草の池

越後駒ヶ岳は登りがいのある山である。最短コースといえる枝折峠からの往復でも、コースタイムは8時間を優に超える。そして頂上近くには岩場があり、疲れが出始めた体に緊張を強いられる。初級者にとって、日帰りで往復するには少々厳しい山といえるだろう。頂上直下に立つ駒の小屋に宿泊し、余裕をもって頂上をめざすのも悪くない。また、上級者はさらに中ノ岳、八海山と縦走する越後三山の「三山駆け」に挑戦すると、山行はさらに充実する。

雪が豊富な越後の山々では、残雪期の雪山登山、雪解け直後の高山植物、初秋の草紅葉、そして秋には本格的な紅葉が楽しめる。高低差のあるコースゆえ、10月初旬に登れば、どこかで必ず紅葉のピークに出合えるにちがいない。

山の品格と歴史、自然の魅力が備わった実力者 高妻山

弥勒新道に咲くツバメオモト

6月、稜線ではシラネアオイの群落が見られる

五地蔵山から見た高妻山。この先、頂上直下の急登が待っている

よく整備され、歩きやすい弥勒新道

山岳宗教の名残が地名に見られる

鎖が設置された帯岩のトラバース

もし日本百名山の「地味な山ランキング」を作るとしたら、この山はきっと上位に食い込んでくることだろう。麓から山容を見ることができないのに加え、知名度に勝る戸隠山が隣にそびえるために、つい裏に隠れがちだ。そしてなにより頂上までの所要時間が5時間という点が、登山者を遠ざけて親しみにくいものにしているような気がする。

しかし、なんといっても戸隠連峰の最高峰である。深田久弥が好んだ堂々とした山容のみならず、歴史を感じさせる道中の石仏や花がこの山の魅力を引き立てている。

高妻山に登るためには、日の長い6月の好天の日を選ぶといい。豊かな残雪と新緑と、稜線に咲くシラネアオイの群落が、登山者の訪れを待っていることだろう。

中央アルプスの知られざる紅葉名所を訪ねる

空木岳（摺鉢窪）

空木岳の池山尾根で見かけたサルオガセ

稜線から見下ろした紅葉の摺鉢窪（10月上旬）。赤い屋根の避難小屋の先は百間ナギの大崩壊地帯で、バッサリと切れ落ちている

稜線で見られるチングルマの紅葉

池山尾根には大地獄・小地獄と呼ばれる難所がある

摺鉢窪に向かう稜線の途中から振り返り見る空木岳

「日本アルプスの、あまり知られていない紅葉の名所を教えて」という質問に対する私の答えがここ、摺鉢窪だった。

摺鉢窪は空木岳と南駒ヶ岳を結ぶ稜線の東に位置するカール状の地形で、穂高の涸沢と同様に西風の影響を受けにくいことから、ナナカマドやダケカンバなどといった広葉樹の生育環境が整っている。カールの先には百間ナギという大崩壊地帯が迫り、崖っぷちというスリリングな環境のなかにあるおだやかな平地が、静かで不思議な安らぎを生み出す。そしてここから見上げる紅葉がまた、じつに美しいのだ。

ここは、どこから登っても2日はかかるという遠さを差し引いても、訪れる価値が十分にある「紅葉の穴場」といえるだろう。

中・上級者向けの日本百名山

日本三大渓谷のひとつ、大杉谷を遡る 大台ヶ原山（大杉谷）

最高峰、日出ヶ岳山頂の展望台

澄んだ水と、奥にニコニコ滝を望む獅子ヶ淵

落差145mの千尋の滝

日出ヶ岳頂上直下の明るく開けた樹林帯

深い渓谷に沿って道は続く

大台ヶ原の最高峰・日出ヶ岳は、ドライブウェイを使えばわずか30分足らずで頂上に立つことができる。さらに白骨林の正木ヶ原や大展望の大蛇嵓などを巡れば、誰でも手軽に大台ヶ原の魅力を味わえることだろう。

しかし、それだけではちょっと足りない。大台ヶ原の奥深さを知るためにはぜひ、大杉谷を訪れてほしいものだ。日本三大渓谷のひとつとして知られるこの谷には多くの名瀑が懸かり、清流に沿って延びる山道は変化に富む。なかでも秋は「モミジ街道」とでも名づけたくなるような紅葉が谷に沿って続き、原生林の深い緑とのコントラストを際立たせる。深い谷から原生の森へ、そして開けた草原の頂をめざすフルコースを、ぜひ味わっていただきたい。

中級者向けの日本百名山

くじゅう連山の
標高トップ3を登ろう

九重山

温泉と通年営業がうれしい
法華院温泉山荘

平治岳のミヤマキリシマ群落越しに見た三俣山（写真=鈴木克洋）

大船山山頂にある御池（おいけ）

中岳山頂から坊ガツルを見下ろす

中岳の山腹にたたずむ御池（みいけ）

くじゅう連山と聞いて、誰もが真っ先に思い浮かべるのがミヤマキリシマの群落であろう。平治岳の花園の奥に三俣山がそびえ、足元に坊ガツルの草原が広がる5月下旬の風景は、日本の代表的山岳景観として幾度もカレンダーの素材に使われてきた。また、10月上旬の透明度の高い紅葉も見応えがあり、冬も積雪が少なく入山しやすいとあって、四季にわたって多くの登山者に親しまれている。

最高峰は中岳（1791m）。第2位が久住山（1787m）で3位が大船山（1786m）。それぞれの頂からは、火山性地形による変化に富んだ景観が楽しめる。くじゅう連山はひとつのピークだけではもったいない。法華院温泉山荘をベースにして複数の頂上景観を楽しもう。

巨木の森を抜け
開放的な高山地形を行く

宮之浦岳

パワースポットとしても人気の縄文杉

頂上付近は花崗岩の巨石を点在させた広大なヤクザサの原になっている

突然、道に現れたヤクシカ

ウィルソン株の中から見上げるとハートの形が

白谷雲水峡の緑深い森を行く

日本百名山のなかで最も南に位置する宮之浦岳は、変化に富んだ植生が独特の景観をつくり上げている。南洋らしいシダが茂る海岸線から、屋久杉に代表される巨木の森へ。そして樹林帯を抜けた先には、開けたヤクザサの草原が待っている。「洋上のアルプス」と表現されるように、花崗岩の峰々が幾重にも広がる高山地帯は、本州ではなかなか見ることのできない景観だろう。

宮之浦岳は、どこから登っても山中1泊を要する奥深い山だ。無人小屋に寝具と自炊用具を持参して泊まり、山頂を往復、または縦走する。観光客にも人気の縄文杉に寄るなら、白谷雲水峡を起点にして高塚小屋を使うのが効率的だ。「洋上のアルプス」を堪能するには余裕のある計画を立てよう。

Special Report

北アルプスで最も奥深い鷲羽岳をめざす

釈由美子さんと登る「実践！鷲羽岳登頂」

紅葉の最盛期を迎えた鷲羽岳の山腹

双六岳頂上直下の「滑走路」と槍ヶ岳

快晴の鷲羽岳山頂にて。写真右手に鷲羽池が見える

「北アルプス秋の絶景」をテーマに釈さんと山に登ることになった私は、紅葉を静かに楽しめる鷲羽岳を目標に選んだ。新穂高温泉から入山した私たちは、登りやすいことで知られる小池新道をたどり、双六小屋をめざした。

快晴となった翌日、北アルプスの中核部に足を踏み入れる。最初の絶景ポイントは双六岳だ。この山の頂上直下は広く平らな尾根となっており、中央に引かれた一本の登山道が、まるで滑走路を思い起こさせる。緩やかな道の先に槍ヶ岳が鋭くそびえる情景は、これまで多くの写真家に注目され、作品のモチーフとして取り上げられてきた。

さらに尾根をたどって登り着いたところが三俣蓮華岳。黒部源流の山々がぐるりと見わたせる頂で、釈さんが見つ

鷲羽岳をバックに双六岳の巻き道を歩く

める先に雲ノ平があった。そこは急逝されたお父様が行きたがっていた場所なのだという。ザックに忍ばせてきた遺影を雲ノ平に向け、「いつか連れていってあげるからね」と静かに語りかけている姿が印象的だった。

三俣山荘で昼食後、いよいよ鷲羽岳の登りにかかる。最後の最後に急登が控えていたが、頂上にはそれまでの苦労を吹き飛ばすのに十分な絶景が待っていた。南には槍・穂高連峰。北には白馬岳。さらに立山、薬師岳まで、北アルプスの名峰たちが午後の斜光にキラリと輝く。澄みきった空にすべての音が吸い込まれてしまうような静かな山の頂で、私たちはしばし言葉を忘れて登頂の喜びをかみしめていた。

穂高とは逆の、北から見た槍ヶ岳

Special Report

工藤夕貴さんと登る「実践！雪山登山」

赤城山で雪山初体験

黒檜山山頂からは関東平野が一望できる

黒檜山山頂で、お楽しみの雪上ランチ

黒檜山〜駒ヶ岳間の稜線にできた雪庇をたどる

赤城山の最高峰・黒檜山は雪崩や滑落といった危険箇所が少なく、行動時間も短くて済むため、雪山初心者にはピッタリの山である。雪山登山の経験がないという工藤さんをお誘いし、積雪状況やメンバーの体調を見ながら、条件がよければ駒ヶ岳まで縦走する計画で大沼の畔を出発した。

前日の入山者による踏み跡がしっかりついていたので、登山口からアイゼンを装着して急登に備える。工藤さんには8本爪のアイゼンをお貸しして歩行上の注意を与えた。「アイゼンの爪が雪面に全部刺さるように、フラットフッティングを心がけること」「爪を自分の足に引っかけて転ばないように、両足の間に握りこぶしひとつ空ける感覚で歩くこと」「アイゼンの底に雪が付いたら、面倒がらずに落

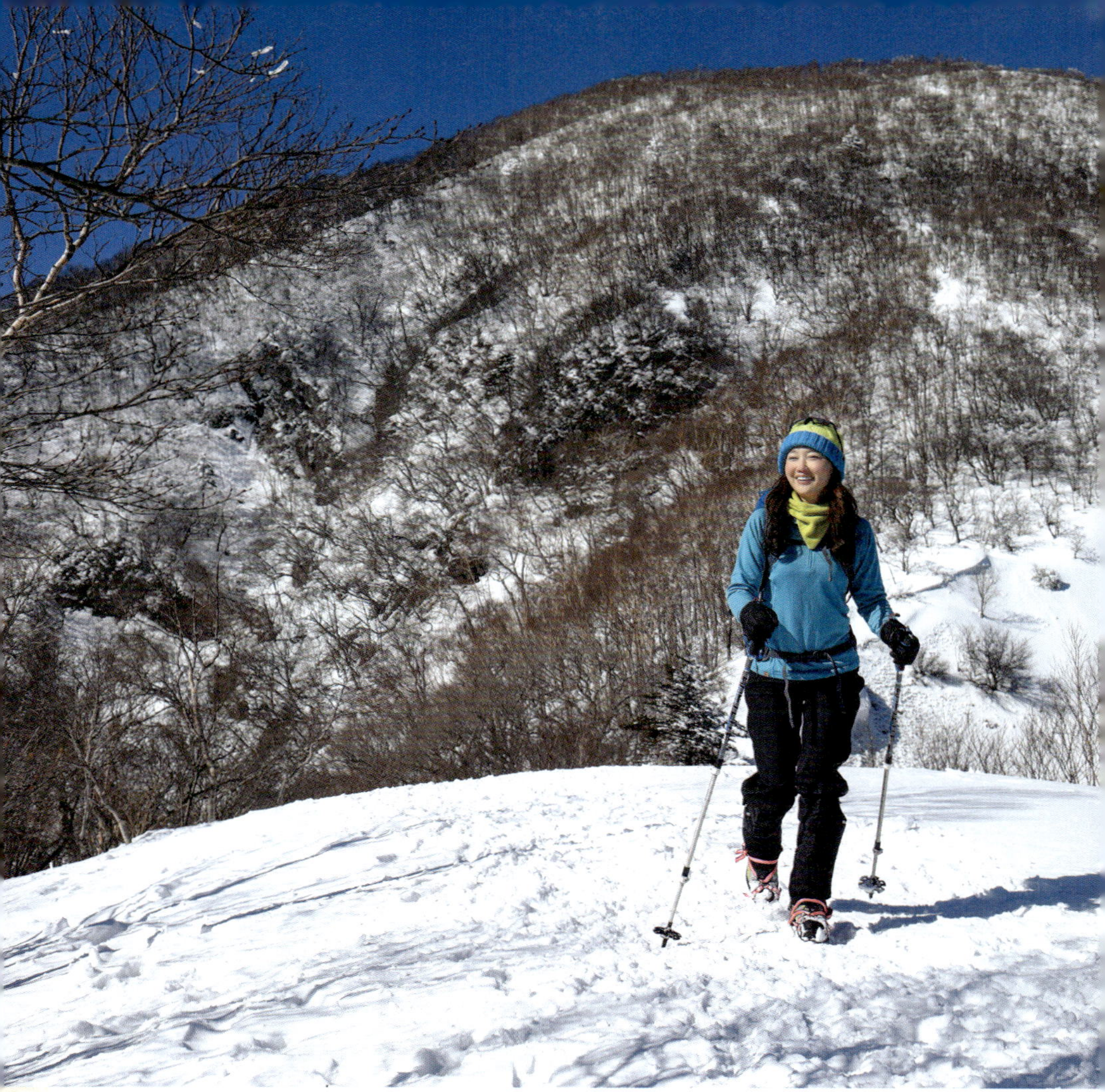

黒檜山をバックに駒ヶ岳をめざす工藤さん

とすること」。今日のコースでは、とりあえずこの3点だけ注意すれば問題ない。

樹林帯の急登を過ぎると、頂上稜線では霧氷の林が出迎えてくれた。風に揺れてパラパラと降り注ぐ霧氷のトンネルを抜けると、黒檜山の頂上に到着。広い山頂の北側からは、谷川連峰をはじめとする群馬・新潟県境の山々が真っ白な屏風となってそびえ、南側は雪とは無縁の、明るい日差しに照らされた関東平野の広がりがあった。ここは日本海側と太平洋側の気候の違いを目の当たりにできる観察ポイントでもある。

黒檜山山頂でランチを楽しんだ一行は、駒ヶ岳からの展望を楽しみに、縦走コースへと踏み出した。

黒檜山山頂では歯ブラシ状の霧氷に会えた

山スキー入門者におすすめの百名山

鳥海山

広大な一枚バーンの
大滑降が待っている

最高峰・新山の山頂にて

祓川登山口は一般スキーヤーの入山も多い

左手に日本海を望みながら、
いざ、大滑降の始まり

人であふれる七高山山頂

シールを効かせて高度をかせぐ

「みちのくの名峰」として知られる鳥海山は、東北のみならず日本百名山のなかでも確実に上位に選ばれる魅力を備えている。四方に美しく裾野を広げた山容から出羽富士とも庄内富士とも秋田富士とも呼ばれ、秋田と山形両県の人々から親しまれてきた歴史も深い。ハクサンイチゲの大群落が見られる初夏や、紅葉に包まれる秋も捨てがたいが、ここでは春スキーの山として紹介しよう。

　入山しやすいのは祓川登山口だ。5月の連休には祓川ヒュッテからスキーを履いて登高を始められる。ルートを示す目印が立っているので、山スキー初級者でも安心だろう。登り着いたところが七高山頂上で、最高峰の新山へは往復40分ほどだ。下りは広大な一枚バーンで大滑降が楽しめる。

スキー場のリフトを使えば 夏より楽に登れてしまう

武尊山

スノーモンスターに
レンズキャップの目を入れてみた

剣ヶ峰山から見た武尊山(沖武尊)山頂

剣ヶ峰山を振り返る。
周囲には樹氷が並ぶ

リフト終点から入山する

狭くて急峻な剣ヶ峰山の下り

夏よりも冬のほうが登りやすいという変わった山だ。雪山の技術を身につけた人ならば、川場スキー場の最終リフトを利用して一気に高度をかせぎ、5時間ほどで頂上を往復することができる。もっとも、これは雪の条件がいいときの話で、雪山は積雪の状況と天候によって難易度が大きく変わる。最近は雪山入門者も増えてきたが、初心者だけの入山は絶対に避け、ベテラン登山者とともに登ること。

雪の武尊山は、天気に恵まれれば気持ちいい雪上散歩が楽しめる。途中にはミニ・スノーモンスターが立ち並び、長い稜線歩きが次のステップへの自信につながることだろう。特に注意したいのは剣ヶ峰山の下りだ。最も傾斜が強い場所で、しかも細い尾根を通るため、慎重に行動したい。

沢登り入門者におすすめ

広大なナメと明るい滝が
待つクラシックルート

笛吹川東沢釜ノ沢

魚留の滝を登る

どこまでも一枚岩が続く千畳のナメ

登りつめた先に甲武信小屋がある

ふたつの滝がひとつの滝壺に落ちる両門の滝

安全のために補助ロープを使って下降

沢登りは日本独自の登山スタイルだ。定められた道ではなく、沢という自然の地形のなかにルートを探し出して頂をめざす。ときには水流を渡り、ときには滝をよじ登りながら、沢の最初の一滴が始まる源頭へと詰め上げる。そんな、最も自然で最も冒険的な沢登りの、超定番入門コースが笛吹川東沢釜ノ沢だ。

一般的には甲武信小屋泊、もしくは谷中一泊で登られる。広大な一枚岩の上を水が緩やかに流れる千畳のナメや、ふたつの沢が滝となってひとつの滝壺に落ちる両門の滝など、見どころも多く、稜線に至るまで飽きることはない。沢登りにありがちなヤブこぎの苦労もなく、甲武信小屋に登り着く。ベテランの同行を得て、まず、ここから沢登りを始めてみてはいかがだろうか。

沢登り初級者におすすめ

黒部の宝石！ビギナーOKの北アルプスの沢

黒部川赤木沢

明るく開放的なナメ滝を遡る

沢の中心部をどこまでも登ってゆく

小さな滝のほとんどが直登可能だ

ゴールは赤木岳の主稜線

正面が黒部川本流。この淵の右に赤木沢が出合う

「V字谷」という言葉で言い表されるように、黒部川は両岸を急峻な岩壁に挟まれた深く険しい峡谷として知られている。しかし、その上流は明るくおだやかな支流が広がり、ベテランが同行すれば初級者でも楽しめる沢がある。その代表格がこの赤木沢だ。

かつてこの沢を雑誌に紹介した際、「黒部の宝石」という表現を使った。東を向いた明るい谷はたっぷりと日差しを受け、太陽の光が深い淵をエメラルドグリーンに輝かせる。次々に現れる小さな滝は真珠の飛沫をこぼして流れ落ち、その中央をまっすぐに登る爽快さ。

水流が消えると、あとは足首ほどの草丈の草原を稜線まで登るだけだ。遡行の終了は北アルプスの主稜線。感動的なエンディングが待っている。

日本三大岩稜／その一

槍ヶ岳北鎌尾根

鷲羽岳から見た北鎌尾根

日本三大岩稜／その二

前穂高岳北尾根

北穂高岳～涸沢岳間の稜線から見た前穂高岳北尾根

日本三大岩稜／その三

剱岳八ツ峰主稜

別山北峰から見た八ツ峰主稜

独標付近から見た北鎌尾根越しの槍ヶ岳

ところどころに、もろい岩場が潜む

ここはまだ核心部の手前。四峰の登りだ

下りの一部では懸垂下降が必要となる

「日本三大岩稜」とは、私が勝手に名づけた言葉である。1992年、『山と溪谷』の連載「日本のクラシックルート」を企画して全国の名バリエーションルートを選んでいたときに、①ルートの美しさ、②登攀の充実度、③秘められた歴史といった要素を基に候補を挙げていたら、次の3つの岩稜が思い浮かんだ。

　槍ヶ岳北鎌尾根。古典的ルートのなかではナンバーワンの存在だろう。北アルプスのシンボル・槍ヶ岳の山頂から北に向かって延びる長大なナイフエッジの鋭さは他を圧倒する。そして「不世出の単独行者」加藤文太郎と、壮絶な遺書を残して亡くなった希代の登山家・松濤明の墓標の山として、キタカマの名は永遠に語り継がれることだろう。

　前穂高岳北尾根。その尾根が描くスカイラインほど美しいものはない。なかでも北穂高岳から見た端正な鋸状の尾根は印象深い。日本一ハンサムな岩尾根といえるだろう。

　剱岳八ツ峰主稜。この存在を抜きに剱岳の魅力を語ることはできまい。なかでも裏剱と呼ばれる池の平から三ノ窓谷越しに見た八ツ峰の雄姿は、「日本離れした」という形容に値する豪華さだ。

　一般登山道をひととおり歩き、岩稜歩きにも自信がもてたら、岩登りの基本を学んでこれらの岩尾根に挑戦してみてはいかがだろう。新しい山の世界が広がるにちがいない。

八ツ峰八峰付近から主稜下部を見下ろす

アルプスからニュージーランドまで、世界の山を楽しもう

スイス

↑アルプスの名花、エーデルワイス　→まずはマッターホルンを間近に見るハイキングコースがおすすめ

オーストリア

↑山腹のレストランを目当てに登るのも楽しい　←日本人にあまり知られていない東チロル地方の山並み

フランス・モンブラン

アルプスの最高峰モンブランは、基本的な雪山技術と長時間行動に耐えられる体力があれば難しい目標ではない

「海外の山」と聞いただけで自分には一生縁がないもの、と思っている方が大勢おられるようだが、それはじつに惜しい。たしかに費用や日数や言葉の問題など、国内の登山に比べてハードルは高いが、一度は海外の山を自分の目で見てはいかがだろう。

　不安を感じるならばツアーに参加するといい。渡航のための諸手続きや現地での移動、山小屋の予約など、わずらわしいことはすべて旅行会社にまかせて、自分のコンディションづくりだけに集中できる。実際に行ってみれば、国内の登山ツアーよりも快適だということに気づくだろう。

　快適なホテルをベースにして名峰を眺めるハイキングをするもよし、雪上技術を身につけて山の頂に挑戦するもよし、自分に合ったプログラム

ノルウェー

↑氷河地形を満喫できるベッセゲン尾根　→北欧最高峰のガルフピッゲン（2469m）は登山中級者でも登頂可能

モロッコ・ツブカル山

アトラス山脈の最高峰ツブカル山（4167m）は、技術的に難しい箇所が少なく道も整備されているため登りやすい

ニュージーランド

「世界一美しい散歩道」として知られているミルフォード・トラック。一度は訪れてみたいところだ

を選択して海外の山を経験すれば、あらためて日本の山の見方も変わってくるはずだ。

ここでは、比較的手軽に楽しめるハイキングと登山対象を紹介する。ヨーロッパ・アルプスならばスイスやフランスの名峰を眺めるコースを基本にして、慣れてきたら日本人の来訪者が比較的少ないオーストリアやイタリアの山々を訪ねるといい。ピークハントにこだわるならアルプス最高峰のモンブランだが、基本的な雪山技術と長時間歩き続けられる体力が必要になる。

ノルウェー最高峰のガルフピッゲンやモロッコ最高峰のツブカル山なら、日本の夏山縦走の経験があれば問題ない。ニュージーランドの自然も捨てがたい。いろいろ迷うところだが、まずは海外への一歩を踏み出してみよう。

Special Report

未踏峰への挑戦
「実践！ ヒマラヤ登山」

アウトライアー東峰初登頂

ブロークン氷河上の第2キャンプから見るアウトライアー東峰。正面が南西壁だ

アウトライアー（現地名ジャナク・チュリ、7090ｍ）はネパールの東の外れ、中国との国境稜線にそびえる峻峰である。2002年にネパール政府が登山を解禁し、04年にルーマニア隊、05年にスロベニア隊が挑戦するも敗退。10年に初登頂をめざした青山学院大学山岳部も標高6700ｍで登頂を断念していた。

2013年9月、母校の第二次登山隊の隊長をまかされた私は、3年前の雪辱を果たすべく、5人の後輩とともにネパールへと向かった。

日本を出発して14日目。ようやく目にしたアウトライアーは雪と氷に覆われて不機嫌そうな表情をしていた。この年はモンスーンが明けるのが遅く、不順な天候が続いていた。しかし南西壁の弱点は第一次隊の記録でわかっている。

標高5500mの第1キャンプから見たアウトライアー

南西壁6500m付近を登る萩原

南西壁を抜けてネパールと中国国境の稜線をめざす

↓南西壁の登攀ルート

あとは天候次第だ。

10月9日、氷河上の第2キャンプを出発した我々は、高度差約1000mの氷雪壁を攀じ登り、雪の斜面を切り崩して第3キャンプを設営した。翌10日、頂上をめざしたのだが、途中に現れるミックス壁が予想外に悪い。風も強く、この日は時間切れとなってしまい、やむなくC3に引き返した。

日程的に見て、これが最後のチャンスという11日は、入山以来最高の快晴となった。国境稜線の風も収まり、前日、苦労したミックス壁も難なく越える。すると、その先にはまだ誰も足を踏み入れたことのない雪の尾根が、紺碧の空へと続いていた。

2013年10月11日12時30分、登頂。みんなの夢がかなった瞬間だった。

あとがき

やっと、このページにたどりつくことができました。日常の業務をこなしながら192ページの技術書を構成し、写真を探し出して原稿を書き下ろす作業は、それなりに長い道のりでした。5月の大型連休はどこにも出かけず、皆勤賞で原稿を書き上げ、印刷が始まる前日にこのページを入稿してそのまま校了……。正真正銘、これが本当のあとがきになります。

考えてみれば、本書のきっかけとなったテレビ番組『実践！にっぽん百名山』も、出演の裏にはかなりエクストリームなスケジュールが詰まっていました。

番組がスタートした2013年はヒマラヤ遠征を直前に控え、低酸素室（標高5000mと同等の環境です）で一晩過ごした翌朝に、そのままNHKのスタジオに入って収録をしたことがあります。

2014年は「山の日」の制定に向けて大きな動きがあった年です。議員会館で早朝に行なわれる超党派「山の日」制定議員連盟主催の会議に出席してから、収録の現場に向かったりもしました。

2015年は「山の日」の制定を記念した講演会が相次ぎました。本業である出版も、「山を深く知る」をテーマにして数多くの書籍を編集・刊行したため、番組の収録後に会社に戻って朝まで編集作業、といった日々が何日も続いていた気がします。

いずれにしても、5年間にわたって番組でお伝えしてきたことを一冊の本にまとめることができてホッとしています。番組収録の際にお世話になったスタッフの方々、そして、明るく機転の利いた対応でMCを務めてくださった釈由美子さんと工藤夕貴さんには、この場を借りてお礼を申し上げたいと思います。おふたりとの会話を通して、初・中級者の山に対する疑問や悩みについて学ぶところが多々、ありました。

さて、番組の内容と本書をあらためて比較してみて、語りつくせなかったことがまだまだたくさんあることに気づきました。それはセルフレスキューであり、気象知識であり、読図技術であり、ボディケアであり……。また、山の食事や山岳書などのテーマについても、もっと深く掘り下げて解説したかったというのが本音です。

自然の中に潜む危険から身を守るための知識、そして山登りの楽しみの幅を広げてくれる知識。山には怖い部分と楽しい部分の両面があり、こうした知識をバランスよく深めていくことが、安全で楽しい登山につながることでしょう。

避けられたはずの遭難事故をひとつでも減らすために。そして、実り豊かな山行がこの先もずっと続けられますように、これからも「山塾」をはじめとするさまざまなメディアを通して、登山者の皆さまを応援し続けるつもりでいます。

萩原浩司

2018年5月

撮影　渡辺幸雄（カバー写真、常念山脈での技術解説写真）
加戸昭太郎（日和田山での技術解説写真、スタジオでの商品写真）
萩原浩司（指定外の写真）
写真提供　中西俊明、菊池哲男、鈴木克洋、太田達也、渡辺幸雄、保科雅則、熊谷友幸
撮影協力　釈 由美子
工藤夕貴
編集協力　小林千穂
校正　山﨑しのぶ
参考資料　『登山の運動生理学とトレーニング学』（山本正嘉　東京新聞出版局）
ヤマケイ新書『現代ヒマラヤ登攀史』（池田常道　山と溪谷社）

萩原編集長の山塾

実践！登山入門

二〇一八年六月十五日　初版第一刷発行
二〇二五年二月十日　初版第八刷発行

著者　萩原浩司
発行人　川崎深雪
発行所　株式会社 山と溪谷社
郵便番号 一〇一―〇〇五一
東京都千代田区神田神保町一丁目一〇五番地
https://www.yamakei.co.jp/
●乱丁・落丁、及び内容に関するお問合せ先
山と溪谷社自動応答サービス
電話 〇三―六七四四―一九〇〇
受付時間十一時〜十六時（土日、祝日を除く）
メールもご利用ください。
【乱丁・落丁】service@yamakei.co.jp
【内容】info@yamakei.co.jp
●書店・取次様からのご注文先
山と溪谷社受注センター
電話 〇四八―四五八―三四五五
ファクス 〇四八―四二一―〇五一三
●書店・取次様からのご注文以外のお問合せ先
eigyo@yamakei.co.jp

デザイン　尾崎行欧（oi-ds）
齋藤亜美（oi-ds）
印刷・製本　大日本印刷株式会社

Printed in Japan ISBN978-4-635-15033-0